JN340928

문헌 속 울진 불영사 上

최선일·여학·심현용 編
도해 譯 / 고경 監修

도서출판 온샘

■ 편자
최선일(문화재청 문화재감정위원)
여학 스님(대한불교조계종 불영사 부주지)
심현용(울진 봉평리 신라비 전시관 관장)

■ 번역
도해 스님(동북아불교미술연구소 연구위원)

■ 감수
고경 스님(대한불교조계종 송광사 성보박물관장)

■ 사진 제공
사)동북아불교미술연구소, 대한불교조계종 불영사,
재)불교문화재연구소, 국립중앙박물관

문헌 속 울진 불영사 上

초판 인쇄 2021년 7월 10일
초판 발행 2021년 7월 15일
편 자 : 최선일
펴낸이 : 신학태
펴낸곳 : 도서출판 온샘
주 소 : 서울시 용산구 한강대로 208-6 1층
전 화 : 02-6338-1608
팩 스 : 02-6455-1601
이메일 : book1608@naver.com
ISBN 979-11-971705-7-7 93220
값 25,000원

문헌 속 울진 불영사를 펴내며

전국적으로 천여 곳에 이르는 전통사찰 가운데 개별 사찰 문헌집이 간행된 사찰은 30여 곳에 불과하다. 이는 현실적으로 개별 사찰에서 문헌집을 출판하는 것이 쉽지 않은 것을 의미한다. 우선 일제강점기와 한국전쟁 중에 사찰 관련 문헌기록이 많이 소실되었고, 한국전쟁으로 파괴된 사찰 내 전각 건립이나 불상과 불화 등의 성보물을 조성하는 것이 시급하여 문헌기록을 일일히 챙길 여력이 없었다고 보인다. 그러나 사찰 문헌은 역사를 밝히는 흔적이라 그 발자취를 찾아 가지 않으면 후세인들에게 올바른 역사를 물려줄 수 없다고 생각한다.

이에 사)동북아불교미술연구소에서는 개별 사찰의 문헌을 수집하고 정리해서 단행본을 간행할 계획을 수립하고, 몇 명의 연구자들에게 개별 사찰에 보시하는 마음으로 단행본 간행을 도와달라는 의견을 전했고, 도서출판 온샘 신학태 대표가 사찰 문헌집 108권을 출판해 주겠다는 의견을 주어 추진하게 되었다.

이와 같은 결실로 2017년 예산 금오산 향천사, 2020년 고성 연화산 옥천사, 2021년 마산포교당 정법사와 울진 불영사 문헌집을 발간하게 된 것이다. 당장 이 문헌집들은 많은 이들이 찾지 않겠지만, 시간이 지날수록 개별 사찰의 역사를 밝히려는 연구자들이나 성보문화재의 가치를 연구하는 연구자들에게 나침판 같은 역할을 할 것이라 믿는다.

이 문헌집을 간행하기 위해 많은 분들의 노고가 있었다. 문헌집 간행에 필요한 기획과 진행을 주도한 필자와 여학 스님 및 심현용 박사를 비롯하여 탈초한 내용을 일일이 감수해 주신 송광사 성보박물관 고경 관장스님, 그리고 번역을 담당해주신 동북아불교미술연구소 연구위원 도해 스님의 정성스런 노력이 하나로 뭉쳐져 작은 결실을 맺게 된 것이다. 또한 금전적인 이득이 없을 것을 알면서도 부처님께 귀의하는 마음으로 출판을 흔쾌히 결정해 준 온샘 출판사 신학태 대표의 넉넉한 마음에 감사를 전하고 싶다.

울진 천축산 불영사 문헌집을 부처님 앞에 올리면서 이 사찰을 지켰던 많은 스님들과 신자들의 공덕에 두 손 모아 합장하는 바이다.

2021년 6월 30일

최 선 일

【목 차】

I. 문헌기록

1. 천축산불영사시창기(懸板, 1370년)[1]

天竺山佛影寺始創記[2]

新羅古碑云唐永徽二季義湘法師自
東京沿東海入丹霞洞登海雲峰北望
歎日西城天竺山形彷彿移於海表也又見
洞上生五佛影益奇之尋流而下及登金塔
峰則下有毒龍湫也法師為龍說法請施
地欲建刹龍尚不順法師强以神力呪之於是
龍發憤穿山裂石而去法師卽塡湫而建
刹焉震方特建靑蓮殿三间及無影塔一坐
以裨補之額日天竺山佛影寺法師儀鳳初
又入西山創浮石覺華等寺周遊十有五年
一日還入佛影寺至仙槎村一老翁喜日我佛皈
矣自此里人傳日佛帰寺是山根於白頭山故
俗亦謂之白頭山也且是寺也東有靑螺
峰三角峰〃〃下有坐忘臺有五龍臺南
有香爐峰鍾岩峰西有芙蓉城此有金
塔峰鶴巢龍穴皆寺之勝境也法師住九
季元曉法師亦從遊焉俄而二法師偕往
洛山叅大悲像回入金剛山結摩訶行云然
則天竺山佛影寺者法師初想天竺之旧號

---

1 나무, 41.8×98.2㎝, 1점, 불영사 성보관 소장.

2 현재 소재 미상의 「천축산불영사시창기」 필사본과 「成造雜物器用有功化主錄」이 『佛國寺誌(外)』(아세아문화사, 1973)에 실려 있다.

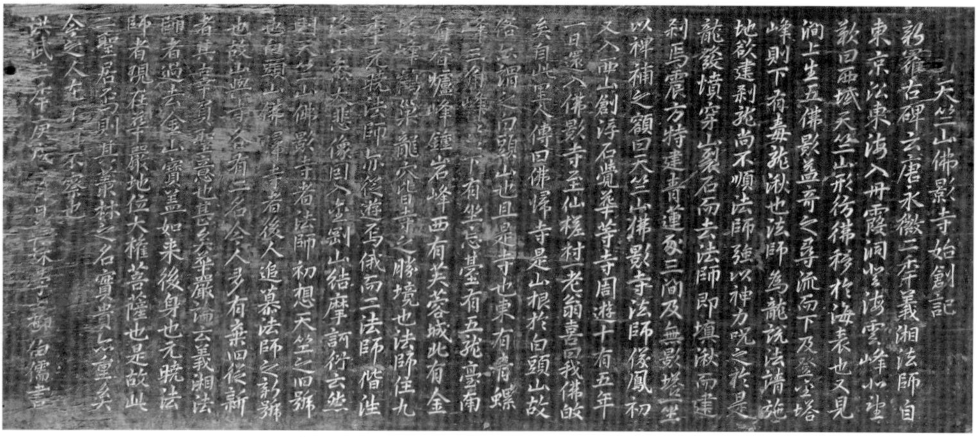

也白頭山佛帰寺者後人追慕法師之新號
也故山與寺各有二名今人𫝊有棄旧従新
者其辜負聖意也甚矣華嚴論云義湘法
師者過去金山寶盖如来後身也元曉法
師者現在華嚴地位大權菩薩也是故此
二聖居焉則其叢林之名實貴亦重矣
今之人尤不可不察也
洪武三秊庚戌八月日翰林學士柳伯儒書

천축산 불영사 시창기

신라의 옛 비석에 이르기를 “당나라 영휘 2년(651)에 의상 법사가 서라벌을 떠나서 동해의 단하동丹霞洞에 들어가 해운봉海雲峰에 올라서 북쪽을 바라보고 감탄하여 말하기를 ‘서천의 천축산과 똑같은 모습을 동해 바닷가에 옮겨왔구나.’ 하고 또 계곡의 물 위에 다섯 부처님의 그림자를 보고 더욱 기이하게 여기고 물길을 따라 찾아 내려오면서 금탑봉金塔峰에서 보니, 바로 아래에 독룡毒龍이 사는 연못에 다섯 부처님의 형상이 비치었다. 의상 법사가 용을 위하여 설법하고 나서 청하기를 땅을 시주하여 사찰을 세우라고 설득하였으나 용은 오히려 따르지 않았다. 의상 법사가 강력한 신통력의 주문을 외우니, 용이 격분하여 산을 뚫고 바위를 부수며 날아 가버렸다. 법사가 곧바로 연못을 메우고 사찰을 창건하였다. 동쪽에 특별히 청련전青蓮殿을 3칸을 짓고 무영탑 1좌를 세워 사찰을 비보하고 천축산 불영사라고 이름하였다."고 하였다.

법사는 의봉(당나라 고종) 초(676)에 또 서쪽 산으로 들어가 부석사와 각화사 등을 창건하고 15년을 살았다. 어느 날 불영사로 들어오며 선사촌에 이르니, 어떤 노인이 기뻐하며 말하기를 '우리 부처님이 돌아오셨다.'고 하였다. 이로부터 마을 사람들이 전하기를 '불귀사佛歸寺'라고 하였다. 천축산의 뿌리는 저 백두산白頭山이기 때문에 세상에서 한편으로 백두산이라고 말한다. 이것이 사찰이 처음 지어진 유래이다. 절의 동쪽에는 청라봉青螺峰, 삼각봉三角峰이 있다. 삼각봉 아래에 좌망대坐忘臺와 오룡대五龍臺가 있다.

남쪽에는 향로봉香爐峯, 종암봉從巖峰이 있고, 서쪽에는 부용성芙蓉(연꽃)城이 있다. 이곳에 금탑봉, 학소대鶴巢臺, 용혈龍穴이 있는데, 모두 불영사의 아름답고 뛰어난 절경이다. 법사가 9년을 머무르는 동안 또한 원효 법사가 와서 머무셨다. 갑자기 두 법사가 함께 낙산사에 가서 대자상大慈像(대자대비관세음보살)에 참배하고 나서 돌아오지 않고 금강산으로 들어가 마하연암摩訶衍庵에서 결제하고 수행하였다고 말한다. 그러면 '천축산 불영사'는 법사가 처음 지었던 천축이라는 옛 이름이고, '백두산 불귀사'는 후세 사람들이 법사를 추모하기 위한 새로운 이름이다.

그래서 산과 절이 각각 두 개의 이름이 있게 되었다. 지금 많은 사람들이 옛 이름을 버리고, 새 이름을 따르는 것은 그 예전의 아름다운 성인의 뜻을 저버림이 심하다 하겠다. 『화엄론』에 이르기를 "의상 법사는 과거 금산 보개 여래의 후신이고, 원효 법사는 현재 화엄의 십지보살의 지위에 있는 대권보살이다.” 이런 까닭에 두 성인이 머물렀던 곳이면 곧 그 총림의 이름이 진실로 귀하고 또 무거운 것이다. 지금의 사람들이 더욱더 잘 살피지 않으면 안 될 것이다.

홍무 3년(1370) 경술 8월 일. 한림학사 류백유 찬하다.

2. 환생전기(懸板, 1408년)[3]

還生殿記

昔光山白先生克齋除蔚珎縣令
下車三月横㝵癘疾忽然而卆夫
人李氏悶惧而問曰此境有可禱
精舍否一吏曰有寺在西名曰佛
影殿古而像靈也夫人趣令轝
棺就寺之塔夫人於佛前焚香
泣祝曰妾夫之亾命則已矣若横夭
則伏祈覺天之濟跽至三日三夜夫人
假寐有一梵魔魅披髮而走一曰今
以覺天光中觧十世寃結更不復祟
矣夫人驚悟開棺視之則奄然還生
不勝歓喜即以塔寮為歓喜寮佛
殿爲還生殿㠯冩金字蓮経七軸仰
謝佛恩噫唐之食荷比丘六日還生
者蒙佛力也梁之劉氏女子七日還
生者蒙法力也宋之杜氏之子三日還
生者蒙天力也誠之所感古今一轍
拘攎[4]世俗豈可擬議於其间㦲
永樂六季戊子八月日通訓大夫行
　安府判官 李文命記

---

3 나무, 36.5×100.5㎝, 1점, 불영사 성보관 소장.

4 墟의 오자.

還生殿記
昔光山白先生克齋除蔚珍縣令
下車三月橫得癘疾忽然而卒夫
人李氏悶惧而問曰此境有可禱
精舍否一吏曰有寺在西名曰佛
影[illegible]古而像靈也夫人趣令輦
棺就寺之塔夫人於佛前焚香
泣祝曰妾夫之亡命則已矣若橫夭
則伏祈覺天之濟恩至三日三夜夫人
假寐有一梵魔魅披髮而走曰今
以覺天光中解十世冤結更不復[illegible]
矣夫人驚悟開棺視之則[illegible]
不勝歡喜即以塔寮為歡喜[illegible]
殿為還生殿因寫金字蓮經七軸仰
謝佛恩噫唐之食荷比丘六日還生
者蒙佛力也梁之劉氏女子七日還
生者蒙法力也宋之杜氏之[illegible]三日還
生者蒙天力也誠之所感古今一轍
[illegible]
永樂六年戊子八月[illegible]
安府判官李文[illegible]

환생전기

옛날에 광산 백선생 극재가 울진 현령에 제수되어 부임한 지 석 달 만에 전염병에 걸려 갑자기 죽었다. 부인 이씨가 답답하고 두려운 마음에 묻기를 "이 지역에 가히 기도드릴 만한 정사가 있느냐?" 하니, 어떤 아전이 말하기를 "서쪽에 절이 있는데 이름은 불영사이고, 불상이 오래되었고, 부처님이 영험합니다." 하였다. 부인이 관을 수레에 실어 절의 탑 앞에 옮기도록 명령을 내리고 길을 재촉하였다.

부인이 부처님 전에 분향 예배하고 울면서 축원하기를

"신첩의 지아비가 죽을 운명이라면 할 수 없지만, 만약 횡액으로 요절했다면 엎드려 기도드립니다. 부처님(각천)께서 살려주세요. 그리고 3일 밤낮 동안 꿇어앉아 기도하였다. 3일째 밤 비몽사몽 하는 잠결에 하늘에서 도깨비 귀신이 머리를 풀어헤친 채 달리며 말하기를 '지금 부처님의 광명으로 백 년의 원한 맺힌 것을 풀었다.'고 하고는 반복하지 않았다."

부인이 깜짝 놀라 깨어나서 관을 열어보니, 언제 죽었냐는 듯이 다시 살아났다. 환희하는 마음을 이기지 못하여 곧바로 탑 옆의 관을 안치하였던 요사채를 "환희료"라 하고, 부처님이 계신 곳을 "환생전"이라고 하였다. 이런 인연으로 "금니 연화경" 7축을 필사하여 부처님의 은혜에 우러러 감사하였다.

아! 당나라의 식하 비구가 6일 만에 환생한 것은 부처님의 몽중가피의 힘이고, 양나라 유씨의 딸이 7일 만에 환생한 것은 법력의 가피를 입은 것이고, 송나라 두씨의 아들이 3일 만에 환생한 것은 하늘의 힘을 입은 것이다. 지극한 정성에 감응하는 것은 옛날이나 지금이나 한결같은 것이다. 세속에 사는 사람들이 어떻게 그것을 엿보아서 비교하고 논의할 수 있겠는가.

영락 6년(1408) 무자 8월 일. 통훈대부 행안부판관 이문명 찬하다.

3. 불귀사고적소지(懸板, 1630년)[5]

① 佛歸寺古蹟小志

佛歸寺新羅僧義湘創之義湘
自東京浮海来登金塔峰歎曰
奇茷天竺山形髣彿移扵此地故
山以天竺名始入丹霞洞見五佛影
寺名取此義湘又踰嶺南建覺華
浮石寺十季而返村人㐌曰我佛帰
矣曰改佛帰寺學士柳伯儒作記
甚詳寺址古毒龍湫也義湘請捨
地龍不肯乃作金剛大呪龍裂山穿
石而去至今遺跡存焉旧有雙鶴
巢于寺北芙蓉城下壬辰元朝止
南庭松樹上嘎然長鳴盤翔数匝
而上天井泉赤渾不食三日是年
倭作亂寺宇盡燒燹惟西殿靈
山殿巋然僧性圓重創法堂東西
禪室正輝智淳與其勞奇相公自
献施財創義湘殿于廻龍之頂梋间
書曰大施主議政府領議政奇云
自余寓地嘗数来遊此寺僧以余嗜
水石請題寺十四景率爾書贈異日

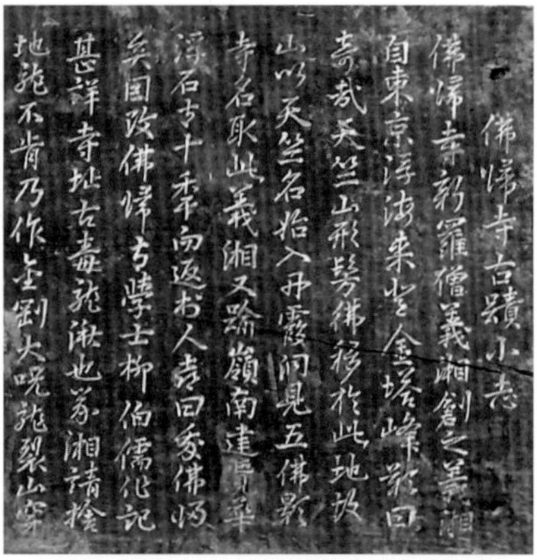

5 나무, ① 34×98㎝ ② 34×116㎝, 2점, 불영사 성보관 소장.

徐凝之詠一助東坡之筆亦奇蹟也

芙蓉城

怪禽岩畔叫月照芙蓉城谷靜桂
香滿仙人吹玉笙

金塔峰

仙成白玉樓佛築黃金塔云是服魔
場奢摩歷塵劫

青螺峰

新霽淸陽上虛空絕點埃靑螺涵寶
鑑菩薩倚禪臺

② 三角峰

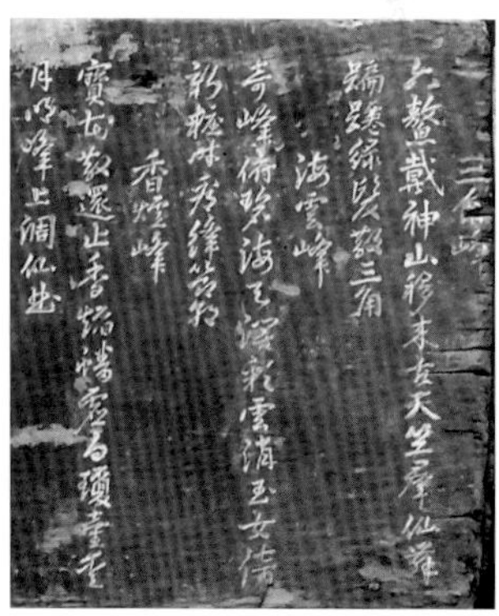

六鰲戴神山移來古天竺羣仙舞
蹁躚綠髮散三角

海雲峰

奇峰俯碧海天濶彩雲消玉女倚
新粧時看絳節朝

香爐峰

寶花散還止香焰幡虛白瓊臺愛
月明峰上調仙曲

鍾岩峰

霜落秋宵半山風颯颯生禪堂清

不寐塵想警鍾聲

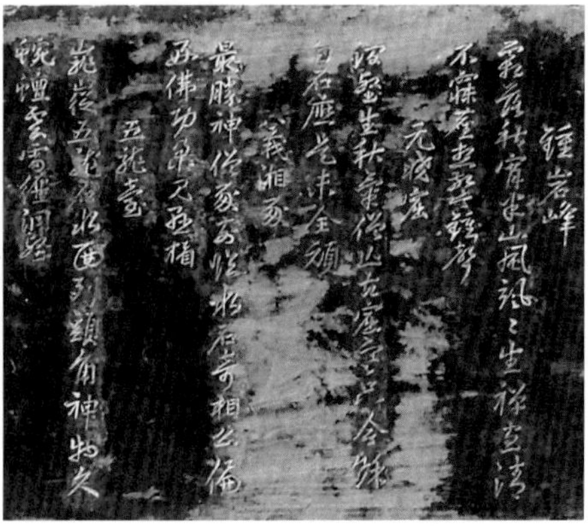

元曉窟

泂壑生秋氣僧亾古窟寒只今餘

白石應是未全頑

義湘殿

最勝神僧殿前臨水石奇相公偏

好佛功業見懸楣

五龍臺

寵嵸 五龍石水面列頭角神物久

蜿蟺雲雷繿洞壑

坐忘臺

坐愛溪水淸不知山日夕濯足望

靑天高歌紫芝曲

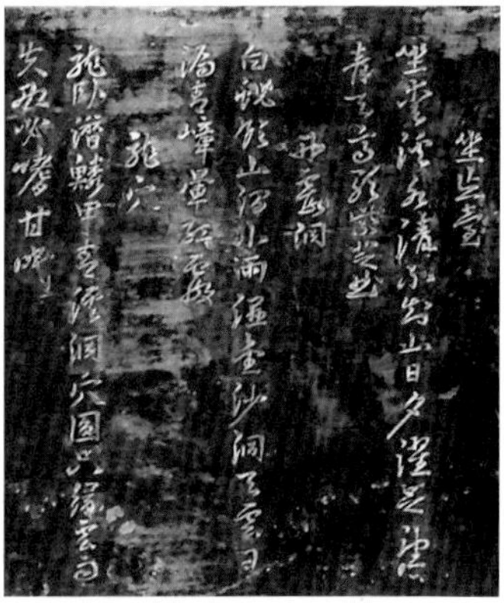

丹霞洞

白蜺飮山澗小雨濕金沙洞天雲日

漏靑嶂暈紅霞

龍穴

龍臥潛鱗甲靑溪洞穴圓只緣雲雨

失那必嗜甘眠

鶴巢

鶴去丹霞迴巢空歲月深石门松

桂冷苔壁下秋陰

大明崇禎三季庚午仲秋西河

萬休任有後志

屛山後人 朱熹 書

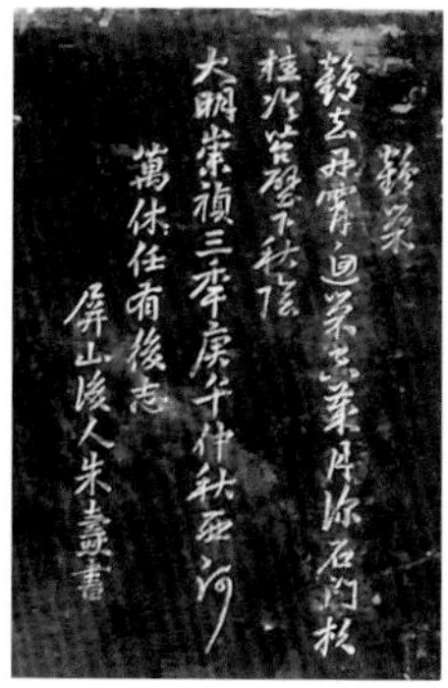

불귀사 고적을 적은 작은 기록

불귀사는 신라국 승려 의상이 창건하였다. 의상이 서라벌에서 동해 바다를 따라 올라와서 금탑봉에 올라 감탄하여 말하기를 “기이하구나, 천축산과 똑같은 산을 이곳으로 옮겨온 것 같구나.” 라고 한 이유로 “천축산”이란 이름이 시작되었다. 단하동에서 다섯 부처님의 그림자를 보고 “불영사”라는 명칭을 취하였다. 의상조사가 또 고개 남쪽으로 넘어가서 각화사와 부석사를 창건하고 10여 년을 계시다가 돌아오니, 마을 사람들이 기뻐하며 말하기를 “우리 부처님이 돌아오셨구나.”라고 한 유래로 인하여 “불귀사”로 개명하였다. 한림학사 류백유가 지은 기문에 매우 상세하게 나온다.

사지(절터)는 옛날에 독룡이 살던 연못인 용추이다. 의상조사가 땅을 보시하기를 청하였다. 용이 허락하지 않았다. 이에 금강대주를 외웠다. 용이 발악을 하며 산을 부수고 바위를 뚫고 달아났는데, 지금도 유적이 남아있다. 옛날에 두 개의 학소대가 절의 북쪽 부용성 아래에 있었다. 임진년 설날에 학이 남쪽 뜰의 소나무 위에 앉아서 구슬픈 소리로 오랫동안 울었다. 허공을 날아서 여러 번 돌다가 하늘로 날아간 후에 우물의 샘이 붉은색으로 변하여 3일을 먹지 못하였다. 그해 임진년에 왜적이 난을 일으켜 조선을 침략하여 절의 건물이 모두 불타 재가 되었다.

오직 서쪽 불전과 영산전만 우뚝하게 남아있었다. 성원스님이 법당과 동서의 선실을 중창하였다. 정휘와 지순스님이 그 노력을 함께하였고, 기상공 자헌[6]이 재물을 시주하였다. 의상전을 창건할 때 산맥이 휘감은 정상의 측백나무 사이에 세운 비석의 글에서 말하기를 "대시주 의정부 영의정 기상공"이라고 하였다. 내가 이 지역에 잠시 살면서부터 일찍이 여러 차례 이 절에 와서 놀았다. 스님이 내가 산수 경치를 좋아하고 즐기니, 불영사 14경의 제목으로 시를 청하였다. 문득 갑자기 글을 써서 주었다. 다른 날 서응이 노래한 시[7]가 동파[8]의 문집에 일조한다면 또한 기특한 업적일 것이다.

芙蓉城	부용성
怪禽岩畔叫	기이한 새는 산 위의 바위에서 울고
月照芙蓉城	달은 부용성을 밝게 비추네.
谷靜桂香滿	고요하고 깨끗한 골짜기엔 계향이 가득하고
仙人吹玉笙	신선은 옥피리와 생황을 부네.

金塔峰	금탑봉
仙成白玉樓	신선은 백옥의 누각을 만들고
佛築黃金塔	부처는 황금의 탑을 쌓았네.
云是服魔場	이곳은 귀신을 항복한 곳이고
奢摩[9]歷塵劫	선정은 셀 수 없는 겁을 지나왔네.

6 奇自獻(1567~1624). 조선중기의 문신, 자는 士靖, 호는 晚全, 본관은 幸州, 영의정을 역임하였다.

7 徐凝(806~820). 중당의 시인, 백거이, 한유와 시로써 친구였다. "여산폭포"란 시가 백거이의 작품으로 잘못 알려져 악평을 받아서 더욱 유명해졌다.

8 蘇軾(1037~1101). 북송의 시인, 자는 子瞻, 호는 東坡, 坡公, 坡仙. 『적벽부』가 유명, 당송팔대가의 한 사람. 그의 문집에 서응의 "여산폭포"를 평한 기록이 있다.

9 사마는 산스크리트어인 사마타의 줄임 말이다. 선정 삼매로 번역한다.

青螺峰	청라봉
新霽淸陽上	비가 개어 신선한 맑은 봄 하늘
虛空絶點埃	허공에는 티끌 한 점 없네.
靑螺涵寶鑑	푸른 소라는 귀중한 보배거울을 품고
菩薩倚禪臺	보살은 삼매에 들었네.

三角峰	삼각봉
六鰲戴神山	여섯 거북이[10] 삼신산을 지고
移來古天竺	옛 천축산을 이리로 옮겨왔네.
羣仙舞翩躚	여러 신선들이 날아다니며 춤을 추니
綠髮散三角	고운 머리카락 삼각봉에 흩날리네.

海雲峰	해운봉
奇峰俯碧海	기이한 봉우리 푸른 바다 굽어보고
天闊綵雲消	하늘은 탁 트여 비단 구름 사라지네.
玉女倚新粧	옥녀가 새로 화장하고 서 있으니
時看絳節朝	마치 진홍빛 일출을 보는 듯하네.

香爐峰	향로봉
寶花散還止	보배로운 꽃이 여기저기 흩날리고
香焰蟠虛白	향타는 연기 흰 구름처럼 피어오르네.
瓊臺愛月明	궁전에선 부처님을 사랑하고
峰上調仙曲	산 위에선 신선들이 노래 부르네.

10 六鰲 : 발해의 동쪽 바다에 산다는 전설상의 여섯 거북이. 岱輿, 圓嶠, 蓬萊 등의 다섯 仙山이 홍수에 떠내려갈 것을 걱정한 천제가 15마리의 큰 거북이로 하여금 교대로 지키게 하였다는 고사이다.

鍾岩蜂	종암대
霜落秋宵半	가을 서리 밤새 내리고
山風颯颯生	산바람은 쏴~아아 소리를 내며 부네.
禪堂淸不寐	선방에선 잠을 잊고 정진하고
塵想警鍾聲	번뇌 망상은 종소리에 놀라 달아나네.
元曉窟	원효굴
澗壑生秋氣	골짜기 개울가에 가을 기운 일어나고
僧亡古窟寒	스님은 없고 옛 굴만 썰렁하네.
只今餘白石	지금까지 흰 돌 남아있지만
應是未全頑	이것은 완전하지 않은 응답이네.
義湘殿	의상전
最勝神僧殿	가장 훌륭하고 신승의 전각
前臨水石奇	앞으로는 기이한 수석을 마주 보네.
相公偏好佛	스님께서 부처님을 너무 좋아하시니
功業見懸楣	업적 있는 현판이 문 위에 걸려있네.
五龍臺	오룡대
巃嵸五龍石	높게 우뚝 솟은 오룡석
水面列頭角	물 위로 뿔 머리를 내밀었네.
神物久宛亶	신령한 모습 오랫동안 믿음이 뚜렷하고
雲雷總洞壑	구름 속 용 울음소리 골짜기에 가득하네.
坐忘臺	좌망대
坐愛溪水淸	맑은 시냇물을 앉아서 즐기느라
不知山日夕	산에서 저녁 해가 지는 줄 몰랐네.

濯足望靑天	발을 씻고 푸른 하늘 바라보니
高歌紫芝曲	자지곡[11]을 큰소리로 부르네.

丹霞洞	단하동
白蜺飮山澗	흰 매미는 계곡물을 마시고
小雨濕金沙	적은 비는 금모래를 적시네.
洞天雲日漏	계곡의 구름 사이로 햇빛 비치니
靑障暈紅霞	푸른 산봉우리엔 붉은 노을의 햇무리.

龍穴	용혈
龍臥潛鱗甲	용이 누우니, 비늘 딱지도 잠기고
靑溪洞穴圓	푸른 시내는 계곡을 가득 메우네.
只緣雲雨失	다만 구름과 비가 만나지 못하면
那必嗜甘眠	어떻게 오로지 단잠만 즐기겠는가.

鶴巢	학소대
鶴去丹霞迴	학이 단하동천을 멀리 떠나서
巢空歲月深	둥지 빈 세월 심히 오래구나.
石門松桂冷	석문의 소나무 계수나무 쓸쓸한데
苔壁下秋陰	이끼 낀 벽 아래 가을 구름 낀 하늘.

대명 숭정 3년(1630) 경오 중추에 서하리에 사는 만휴당 임유후[12]는 찬하고, 병산후인 주도가 쓰다.

---

11 紫芝歌(曲) : ① 지치, 영지. ② 商山四皓가 진나라의 난리를 피하여 藍田山에 들어가 살면서 지어 부른 노래.

12 任有後(1601~1673). 조선 중기의 명신, 자는 孝伯, 호는 萬休, 본관은 豐川, 시호는 貞僖.

4. 양성당선사혜능부도비명(懸板, 1736년)[13]

養性堂禪師惠能浮屠碑銘

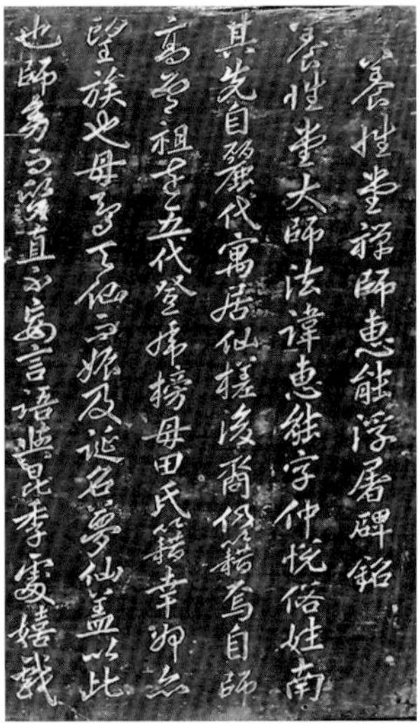

養性堂大師法諱惠能字仲悅俗姓南
其先自麗代寓居仙槎後裔仍籍焉自師
高曾祖連五代登虎榜母田氏籍幸州亦
望族也母夢天仙而娠及誕名夢仙盖以此
也師幼而質直不妄言語與昆季處嬉戱
同樂而常有出世之意父母異之年十二遂
従應哲長老受戒八閲歲淹通內外典就天
照大師而質之又禮叅扵乕丘堂澄悟無礙
性仁厚沈毅喜檀施嚴誡律平生喜遊名山
憩頭流入金剛若五臺雉岳大小太白足跡殆
遍焉盖欲尋師講道而超然有汗漫寥廓
之意矣一日忽見征鴈而歎曰求道無方人不反
本何異扵弱喪忘歸遂歸故棲[14]住天竺頤養精
神顔其堂曰養性其所為歌詩皆從念
佛三昧中流出一絕云講罷蓮経日已昏
松風蘿月掩柴门幽居自得幽居趣一境
淸闲夢不煩讀之怳然坐我扵曇陀優
鉢羅间也丙子十二月十七日趺坐寂然而
化壽七十五臘六十四茶毗之日瑞氣罩空

---

13 나무, 42×139.4㎝, 1점, 불영사 성보관 소장.

14 본 현판에는 누락되어 銘曰아래에 「棲落字」로 보충. 보충 위치는 불영사에 있는 「養性堂禪師惠能浮屠碑銘(1738.2.18.)」에서 확인하였다.

數日乃滅遂得金光舍利三粒建浮屠于
寺东數十步許其首弟天玉將立石紀其
蹟因洪于海萬宗求銘於余于海之於大師
若文公之於太顚備諳事實為余言甚詳
余聞而嘉之遂為之銘日　　棲落字
釋有妙旨觀性最要師能早悟覰破幽
眇剩得真詮克闡三乘於我大師在後足
徵
大臣輔國崇祿大夫議政府領議政崔錫
鼎撰
　丙辰夏六月上澣書
傳鉢 清祐一 廣正
天玉一 廣雲
處宗

양성당 선사 혜능 부도 비명

양성당 선사의 법명은 혜능이고 자는 중열이다. 속성은 남씨인데, 그 선조는 고려 시대부터 선사에 터를 잡고 살면서 핏줄을 이은 오래된 후손들이 그대로 거주하게 되었다. 선사의 고조와 증조로부터 연이어 5대에 걸쳐 무과에 합격하였다. 어머니 전씨는 행주에 살던 명망 있는 집안이다. 어머니의 태몽 꿈에 하늘의 신선이 들어오는 것을 보고 임신하여 태어났을 때의 이름은 몽선이라고 하였다. 선사는 어려서 성품이 곧고 함부로 말하지 않았고, 형제들과 있을 때에는 서로 같이 장난치며 즐겼으나 항상 세상을 벗어나려는 마음이 있어서 부모가 그것을 이상하게 여겼다.

12살에 응철 장로를 따라가서 수계한 지 8년이 되자 불교와 유학을 통달하였고, 천조 대사에게 나아가 그 본질을 물었으며, 호구당에게 예참[15] 하여 선을 명징하게 깨닫고 걸림이 없었다. 성품은 인자하고, 후덕하고, 침착하고, 굳세었다. 단월들의 시주를 기쁘게 받고 계율을 엄격히 지켰다. 평생 명산 유람을 좋아해서 두류산에서 쉬고 금강산에 들어가기도 하였다. 또 오대산, 치악산, 큰 태백산, 작은 태백산 등에 발자국을 거의 다 두루 남겼다. 뛰어난 스승을 찾거나 도(진리)를 강의하거나 초연하게 욕망을 버리고 마음을 텅 비우려는 마음의 뜻이 있었다.

하루는 홀연히 멀리 날아가는 기러기를 보고 탄식하며 말하기를 "도를 구하는 데는 정해진 길이 없으나 사람이 근본으로 돌아가지 않으면 저 허약하여 돌아갈 곳을 잃어버린 것과 무엇이 다르겠는가." 드디어 옛날 천축의 누각에 돌아와 살면서 눈을 부릅뜨고 정신을 기르고 거처하는 집의 이름을 "양성당"이라 하였다. 선사가 한 노래와 시는 모두 염불삼매 중에서 나온 것이다. 그 한 소절에 이르기를

> "아름다운 『법화경』 강의를 마치니 날이 이미 저물고,
> 솔바람 맞으며 댕댕이 덩굴 사이로 비치는 달을 보며 사립문 닫네.
> 깊은 곳의 그윽한 흥취를 스스로 깨달으니,
> 온 세계가 청정하고 한가하여 꿈도 번뇌도 없네."

라는 시를 읽으면 황홀하여 내가 만다라 꽃, 우담바라꽃 사이에 앉아 있는 것이 분명하게 느껴진다.

병자 12월17일에 결가부좌로 앉은 채 열반에 드셨다. 세수는 75세요, 법랍은 64세이다. 다비식 하는 날에 상서로운 빛이 하늘에 뻗쳐 3일 후에나 사라졌다. 그리고 금빛 사리 3과를 얻어서 부도를 절의 동쪽 수십 보쯤에 세웠다. 그의 상수 제자 천옥 대사가 장차 비석을 세우기 위하여 그 행적을 적은 기록을 홍우해 만종[16]에게 의뢰하여 나에게 비명을 청하였다.

---

15 법을 전해 받은 법사로 모시고 제자가 됨.

우해와 선사는 마치 주나라 문왕과 태전[17]의 관계와 같아서 선사에 대한 행적들을 낱낱이 알고 있어서 나를 위하여 아주 자세하게 말해 주었다. 내가 듣고서 그것을 아름답게 여기고 마침내 그 비명을 위하여 말한다.

부처님의 오묘한 뜻이 있는데
성품을 깨닫는 것이 가장 중요하다.
선사는 능히 일찍 깨달아
아득한 애꾸눈을 엿보아 부수어 버렸네,
나머지 참된 깨달음을 얻어서
삼승을 뛰어넘었음을 밝혔네.
아! 우리 선사시여!
후세에 따르는 이들의 징표라네.

대광보국숭록대부 의정부 영의정 최석정[18] 찬하다.
병진년 여름 6월 상순에 쓰다.

전발[19]제자 : 청우→광정,
천옥→광운, 처종

---

16 洪萬宗(1643~1725)은 조선 후기의 학자로 詩評家, 자는 于海, 호는 玄默子, 長州, 본관은 豐山, 저서에 『순오지』, 『시화총림』 등이 있다.

17 太顚 : 주나라 문왕의 공신.

18 崔錫鼎(1646~1715)은 조선 후기의 명신으로, 자는 汝和, 호는 明谷, 存窩, 본관은 全州, 저서는 『명곡집』이 있다.

19 傳鉢은 傳法과 衣鉢이 합해진 말. 전법은 법(깨달음)을 전하는 것이고, 의발은 발우(후사를 맡김)를 전하는 것이다. 교종은 傳敎, 율종은 傳戒라고 한다.

5. 건륭삼십오년경인오월일불영사불상연화시주기

(懸板, 1770년)[20]

〈正面〉

乾隆三十五年庚㝉五月日攄影寺佛像緣化施主記
盖佅影寺古新罖時義湘大師始創者也創建以来
幾至千有累百年而中経兵火庶至泯滅竒事異迹
不可於述畧以近古明迹擧而錄焉昔在万曆庚辰而山
大師林靜慨然有寺而無等崇焉 大雄殿三尊佅与
应真殿十六ホ佛主与訂之仗慧閑戒正緣化幹事尢成
而奉安焉○非西山戒后之○○○能継先而○後栰是
○懭世之期○吾亦有数也万曆後百四十一年乃康熙
之五十六年丁酉也恭惟釈迦氏之灵異縱有○天地而
飛相一衣餘百豈不偸色瑞氣盈濃緣化万人○○
印悟訂比效西山之信功走南北而募緣改金三尊而
其時記文莊於法坐板故不爲重記而又自康熙五十
六年丁酉至乾隆三十五年庚㝉○旦五十四年衣金已
久彩色無光一○意同營事歸一本○僧灵巖堂明賛
首座信天異众○戒逾人大雄殿主佅体金与三尊
補叚及地藏佅 面金一生身自獨當而上金今世罕
類俗人張萬年足費一尊之財同叅修道之界亦
爲善矣若非兩人之信天豈結成希世之功○覌
音殿四尊佅 諸法堂○佅上金緣化施主并列于
左　　　屏山後人幼學朱尚貞記
　　　施主秩刻手慶尙道安東鳳亭寺魏覺

20 나무, 31×124㎝, 1점, 불영사 성보관 소장.

大施主灵巖堂首座僧得贇錢百两白米三七斗

大施主嘉善大夫張萬年錢五十两　嘉善浄泉

宋命載　施主林信㖫　施主裴江阿之

良〇金孟娘　南㖫朴　安己民

張道恒　崔世竜　安以太

金三得　崔俊熙　比丘懷勒

比丘進察　金邑先　比丘知文

通政贇珠　安正朴　比丘禪密

安太景　李甲㚄　李應凡

金仅萬　張漢傑　李順才

林碩穆　金正三　林得还

比丘處宗　張永元　全五永

林山伊　田貴才　全戒北

崔俊希　林以說　比丘性己

韓正世　洪守大　比丘特性

南德尙　比丘一泽　林正太

比丘海淡　李太佑　文行度

通政史今金　權以必　金在岩囬

大雄殿三尊補叚地莊主面金同叅化主灵巖堂首座得贇

緣化秩　化主秩　上供養　性日

證師 湫巖堂坦明　都化主比丘 學敬　供養　快學

都畫員比丘 戒初　比丘 學琛　信勳

比丘 最性　比丘 一學　正統比丘 妙贇

持殿比丘 再勤　比丘 受謙　負木比丘 弘悅

比丘 性湖　比丘 普記　別座

誦呪比丘 敬說　比丘 信覺　比丘 禪密

比丘 廣勒　比丘 采鵬　鍾頭比丘 有仅

三綱比丘 學軒	山中老德比丘 信眼
書記 修衍	比丘 敏順
三宝 妙綻	比丘 處律
大都通政 国玄	金民眼
都監通政 處禪	

〈앞면〉

건륭 35년 경인 5월 일 불영사 불상 연화 시주기

대체로 불영사는 신라 시대의 의상대사가 처음 창건하였다. 창건 이래 천년에 이르고 수백 년이 경과 하는 동안 전쟁에 의한 병화가 여러 번 있어서 주인이 아예 없어지는 불우한 일도 있었다. 기특하고 불가사의한 행적들이 없어져 사라질 지경이어서 가히 간략히 기록하여 가깝고 먼 분명한 업적들을 찾아내어 기록하였다. 옛날 만력 경진(1580)년에 산에 임정대사가 있었다. 병화로 소실된 것들을 슬퍼하며 차별 없이 부처님과 대중을 잘 받들었다. 대웅전 삼존불과 응진전 16 아라한 상과 주불과 그 의장을 바로 잡아 고치는데, 혜한과 계정 두 스님이 화주를 맡아 다니며 모연을 해서 새롭게 봉안하였다.

서산, 계정스님은 … 아니지만, 어찌 혜능을 계승하는데 선후가 있으리오. 이에 … 세상에서 뜻을 얻을 기회가 … 나 또한 손에 꼽을 수 있는 몇 사람 중의 훌륭한 사람이었다. 만력 후 141년인 강희 56년 정유이다. 삼가 생각해보니, 부처님의 영험하고 신비한 발자취에 있어서 천지에 빠른 도움은 하나의 옷으로 백여 명이 쓰고도 남는데, 어찌 색상의 상서로운 기운으로 짙게 가득 찬 것을 훔칠 수 있겠는가. 화주에는 만 명이 수희 동참하였다. 인오 스님의 고친 것과 비교해 보면, 서산의 믿음과 공덕은 전국으로 분주히 다니며 모연하여 삼존불을 개금한 일을 기록한다. 단청한 저 법당좌판法堂坐板에 있으므로 거듭 기록하지 않는다.

또 강희 56년에서부터 건륭 35년 경인에 이르기까지 많은 새해를 지나 54년에 개금(衣金)의 채색이 오래되어 빛이 없어서 일심으로 뜻을 합쳐서 불사를 경영하려고 본사에 돌아온 한 승려 영암당 명찬, 수좌 신천스님이 다른 대중들을 섬기고 더욱 사람들을 조심하도록 주의를 시켰다. 대웅전 주불을 개금하고, 삼존전의 기울어진 것을 고치고 또 지장불의 얼굴에 도금하고 몸 전체는 스스로 혼자 감당해서 도금하였다. 지금 세상에 드문 부류의 사람인 장만년 거사가 한 분의 불상을 위하여 재물을 넉넉히 보시하였고, 또한 수행에 동참하여 깨달은 경계도 훌륭하였다.

만약 신천과 두 사람이 아니었다면 어찌 세상에 드문 공덕의 결실을 이룰 수 있었겠는가. 관음전의 4존 불과 모든 법당의 불상에도 금을 입혔다. 함께 모연하고 시주한 사람들을 다 같이 함께 왼쪽에 새긴다.

병산후인 유학 주상정 찬하다.

〈시주질〉

각 수 : 경상도 안동 봉정사 위각

대시주 : 영암당 수좌 득찬, 전 백냥 백미 37두

대시주 : 가선대부 장만년 전 50냥,

송명재, 낭자 김맹낭, 장도항, 김삼득, 비구 진찰, 통정 찬주, 안태경, 김부만, 임석목, 비구 처종, 임산이, 최준희, 한정세, 남상덕, 비구 해담, 통정 사금금, 시주 임신환, 남환보, 최세룡, 최준희, 김읍선, 안정보, 이갑돌, 장한걸, 김정삼, 장영원, 전귀재, 임이설, 홍수대, 비구 일택, 이태우, 권이필, 가선 정천, 시주 배강아지, 안기민, 안이태, 비구 회륵, 비구 지문, 비구 선밀, 이응범, 이순재, 임득환, 전오영, 전계축, 비구 성기, 비구 특성, 임정태, 문행도, 김재암회

대웅전 및 삼존보전 지장 주면금 동참화주 영암당 수좌 득찬

〈연화질〉

증사 : 추암당 탄명

도화원 : 비구 계초, 비구 최성

지전 : 비구 ○근, 비구 성호

송주 : 비구 경설, 비구 광륵

삼강 : 비구 학헌

서기 : 수연

삼보 : 묘탄

대도 : 통정 국현

도감 : 통정 처선

〈화주질〉

도화주 : 비구 학경, 비구 학침, 비구 일학, 비구 수겸, 비구 보기, 비구 신각, 비구 채붕

산중노덕 : 비구 신안, 비구 민순, 비구 처율, 김민안

삼공양주 : 성일

공양주 : 쾌학, 신훈

정통 : 비구 묘찬

부목 : 비구 홍열

별좌 : 비구 선밀

종두 : 비구 유부

〈背面〉

5-1. 불영사칠성각건축급단청기(1925년)

佛影寺七星閣建築及丹靑記

本寺七星稧之剏設其來夂矣而但為欠落者有幀
而無閣也歲在癸亥春偶以劝化士李輔黃願發
記時所任諸上人之協賛一以捐寺中之貯藏一以
集稧員之㐂舍同四月秀蔞建之越乙丑歸竒彩
之扵是焉輪奐金阁巋然湧出扵天竺法界也
此豈非時所任周旋之力念稧員丹誠之心而流村
耶猗歟偉哉之功也之蹟也可錄于金闕玉軸與
世俱傳唫照人事無常或為泯滅畧抄顛末
于阁楣以示來汲云爾　　乙丑五月日

住持 金南海
化主 李普化
勸誘 李景云
木手 朴致永
畵師 全子文

緣化秩

邑內里 金正日
張道國
李順吉
朴海龍
張道河
洪鍾燦
洪雨辰

林錫岩
崔壽明
張元淑
李忠翼
張萬壽
張璣萬
李健鎬

張景元
李慶先
平海直山里 徐錫鎬
徐正逸
鄭孝得
城山里 朱秉基
朴相鳳
老音里 張錫載

月松里 全應善
厚浦里 李順一
蓮池里 陳命岩
林炳卨
陳聖福
梁在萬
林基淳
李建在

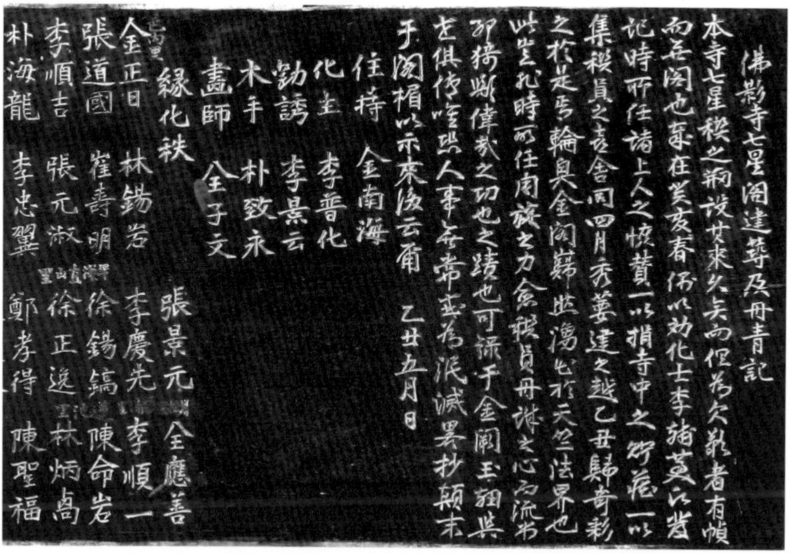
佛影寺七星閣建築及丹青記
本寺七星殿之刱設其來久矣而但爲欠缺者有幀
而無閣也歲在癸亥春仍以勸化士李瑞英以岩
記時所住諸上人之慷慨一以捐寺中之財施一以
集檀員之喜舍同四月秀華建之越乙丑歸奇彩
之於是乎輪奐金閣燦然湧出於天竺法界也
此豈非時所住闍梨之力念檀員丹誠之心而流出
所倚歟偉哉之功也之績也可謂于金闕玉斑與
之俱傳嗟呼人事無常幾爲泯滅畧抄顛末
于閣楣以示來後云爾　乙丑五月日
住持　金南海
化主　李普化
勸誘　李景云
木手　朴致永
畫師　金子文
緣化秩
林錫岩　張景元　金應善
金正日　李慶先　李順一
張道國　崔壽明　徐錫鎬　陳命岩
李順吉　張元淑　徐正逸　林炳禹
朴海龍　李忠翼　鄭孝得　陳聖福

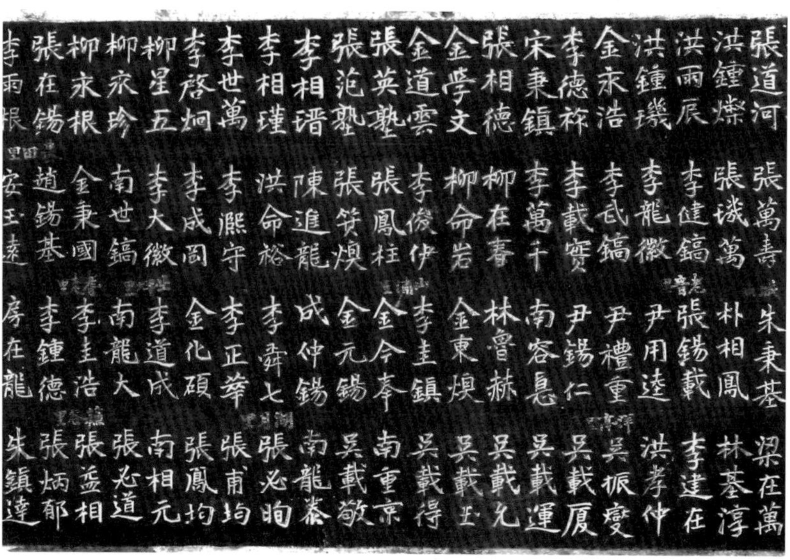
張道河　張萬壽　朱秉基　梁在萬
洪鍾燦　張璣萬　朴相鳳　林基淳
洪雨辰　李健鎬　張錫載　李建在
洪鍾璣　李龍徽　尹用逵　洪孝仲
金永浩　李武鎬　尹禮重　吳振燮
李德祚　李載寶　尹錫仁　吳載厦
宋秉鎭　李萬千　南容息　吳載運
張相德　柳在春　林曾赫　吳載允
金學文　柳命岩　金東煥　吳載玉
金道雲　李俊伊　李圭鎭　吳載得
張英塾　張鳳柱　金今奉　南重京
張范塾　張贊煥　金元錫　吳載敬
李相譜　陳進龍　成仲錫　南龍蓁
李相瑾　洪命裕　李舜七　張必晌
李世萬　李濈守　李正華　張甫均
李啓炯　李成岡　金化碩　張鳳均
柳星五　李大徽　李道成　南相元
柳永玲　南世鎬　南龍大　張必道
柳永根　金秉國　李圭浩　張益相
張在錫　趙錫基　李鍾德　張炳郁
李雨根　安玉遠　房在龍　朱鎭達

洪鍾璣
金永浩
李德祚
宋秉鎭
張相德
金學文
金道雲
張英塾
張范塾
李相瑨
李相瑾
李世萬
李啓烔
柳星五
柳永珍
柳永根
張在錫
李雨根
張鎭星
林興秀
柳澤樣
梅花里 尹孝炳
尹相興
崔鳳應
崔道鐸
崔僧岩

李龍徽
李武鎬
李載實
李萬千
柳在春
柳命岩
李俊伊
張鳳柱
張箕煥
陳進龍
洪命裕
李潣守
李成岡
李大徽
南世鎬
金秉國
基田里 趙錫基
安玉遠
梁龍德
金基得
秋三郎 崔在崇
永陽里 沈永錫
張閏熙
李允徽
姜昌熙
鄭鎬洛

尹用逵
尹禮重
尹錫仁
南容悳
林魯赫
金東煥
山浦里 李圭鎭
金今奉
金元錫
成仲錫
李舜七
李正華
金化碩
止坪里 李道成
南龍大
耆老里 李圭浩
李鍾德
房在龍
劉永七
劉興典
劉明華
劉且山
張道出
工稅里 李炳守
李炳炫
李炳遠

洪孝仲
洋亭里 吳振燮
吳載厦
吳載運
吳載允
吳載玉
吳載得
南重京
吳載敬
南龍泰
湖月里 張必晌
張甫均
張鳳均
南相元
張必道
蘊谷里 張益相
張炳郁
朱鎭達
黃守淵
新花里 張永鎭
張漢必
鳳山里 南舜明
吳太眞
進福里 金德順
張元出
張烔文

南孝出		李輔術	李石岩	金錫圭
尹世炳	池品里	黃禹河	李相雨	崔世煥
尹井奎		黃柱衡	李石浩	崔聖均
尹昇奎		金星出	梁仁煥	金基河
南慶鎬		張相海	李尙守	李春滿
崔孟淳		張哲均	朴日千	余基淵
尹興奎		金一河	梁在善	南容祚

불영사 칠성각 건축 및 단청기

본사에 칠성계를 창설한 지가 오래되었다. 다만 부족하고 한탄스러운 것은 탱화는 있는데 전각이 없는 것이다. 때는 계해년 봄 화창할 때 화사[21] 이보황이 정직하게 밝혀서 기록할 때 소임을 보는 큰 스님을 청해서 협력하기를 설명하니, 하나같이 모두 찬성하였다. 사중에 저장貯蓄한 것들을 모두 바쳤다. 계원들이 모여서 희사한 것을 동년 4월 풀이 무성할 때 칠성각을 건축하였다. 2년 후 을축년에 칠성각에 기특하고 새로운 단청을 하니, 법륜(부처님 가르침)이 일어나고 금각(칠성각)이 높이 솟아 우뚝하게 연꽃이 핀듯하여 천축의 법계로구나. 이것이 어찌 내가 소임을 보고 있을 때 주선해준 힘 때문이겠는가.

모두 칠성 계원들의 거짓 없는 참된 정성의 마음(丹誠之心)이 물 흐르듯이 모인 것을 그대로 편안히 보태었기 때문에 가능한 일이다. 위대하구나. 그 공덕이여 ! 그 업적이여! 가히 금빛 칠성각과 아름다운 촛대와 세상이 의지할 것을 갖추었으나 오직 인생사가 무상하여 혹시나 없어질 것이 두려워 간략하게 불사의 전말을 적어 칠성각 문 위에 걸어두는 것은 후세

21 化士 : 도교와 유교식 표현이다. ① 중생을 교화하는 아미타불, 석가모니불. ② 化人은 마술사와 교화받는 사람. ③ 여기서는 화주를 주선하는 선비를 말함.

사람들에게 보이기 위할 따름이다.

을축년 5월 일

주지 : 김남해
화주 : 이보화
권유 : 이경운
목수 : 박치영
화사 : 전자문

〈연화질〉

읍내리 : 김정일, 장도국, 이순길, 박해룡, 장도하, 홍종찬, 홍우진, 홍종기, 김영호, 이덕조, 송병진, 장상덕, 김학문, 김도운, 장영숙, 장범숙, 이상진, 이상근, 이세만, 이계형, 류성오, 류영진, 류영근, 장재석, 이우근, 장진성, 임흥수, 류택양

매화리 : 윤효병, 윤상흥, 최보응, 최도택, 최승암, 남효출, 윤세병, 윤정규, 윤승규, 남경호, 최맹순, 윤흥규, 박석암, 최수명, 장원숙, 이충익, 장만수, 장기만, 이건호, 이용휘, 이무호, 이재실, 이만천, 류재춘, 류명암, 이준이, 장봉주, 장기환, 진진룡, 홍명유, 이희수, 이성강, 이대휘, 남세호, 김병국

기전리 : 조석기, 안옥원, 양용덕, 김기득, 추삼랑, 최재숭

영양리 : 심영석, 장윤희, 이윤휘, 강창희, 정호락, 이보술

지품리 : 황우하, 황주형, 김성출, 장상해, 장철균, 김일하, 장경원, 이경선

평해 직산리 : 서석호, 서정일, 정효득

성산리 : 주병기, 박상봉

노음리 : 장석재, 윤용규, 윤예중, 윤석인, 남용덕, 임노혁, 김동환, 이규진

산포리 : 김금봉, 김원석, 성중석, 이순칠, 이정화, 김화석

지평리 : 이동성, 남용대

기노리 : 이규호, 이종덕, 방재룡, 유영철, 유홍전, 유명화, 유차산, 장도출

공세리 : 이병수, 이병현, 이병원, 이석암, 이상우, 이석호, 양인환, 이상수, 박일천, 양재선

월송리 : 전응선

후포리 : 이순일

연지리 : 진명암, 임병고, 진성복, 양재만, 임기순, 이건재, 홍효중

양정리 : 오진섭, 오재하, 오재운, 오재윤, 오재옥, 오재득, 남중경, 오재경, 남용태

호월리 : 장필순, 장보균, 장봉균, 남상원, 장필도

소곡리 : 장익상, 장병욱, 주진달, 황수연

신화리 : 장영진, 장한필

봉산리 : 남순명, 오태진

진복리 : 김덕순, 장원출, 장형문, 김석규, 최세환, 최성균, 김기하, 이춘만, 여기연, 남용조

6. 불영사대법당신중탱신화성기문(懸板, 1860년)[22]

〈正面〉

佛影寺大法堂神衆幀新畫成記文
凢興廢存亡運也運可以智力圖之乎如可
圖吉凶悔吝竹易無文成住壞空貝葉不
傳然而凢有所與造皆書之者因其運而
有其事因其事而紀年月日时也故漢書
云春起栢梁臺作承露盤梁史書其夜
同泰寺浮屠灾〻亦運起亦運其盈虚之
数屈伸之理刹那無停來〻去〻為成為廢
三界万法孰非造化翁主宰乎庚申維夏
佛影寺大雄殿天龍窆重新凢昭穆苐次
三十二軀自諸天八部暨土地伽藍或獻頌
或獻樂或獻果執杵也執拂也執盖也
各有法度靈山法會儼然未發者非此之謂歟
事旣後一日住持性益膝席而進曰無施無物
非化不募衆緣和合是事方成不可帰之扵
与草木同腐故敢以懇求願師書編苫語
使来者無歎鴻雪余曰向来登鶴巢臺眺望
崗峦百囬溪壑千抱如巋然京闕萬雉高
聳眞法王之金湯余以是知東南山水盡萃于
此宿鐘地靈宛轉扶輿縱経恒沙塵墨帶運

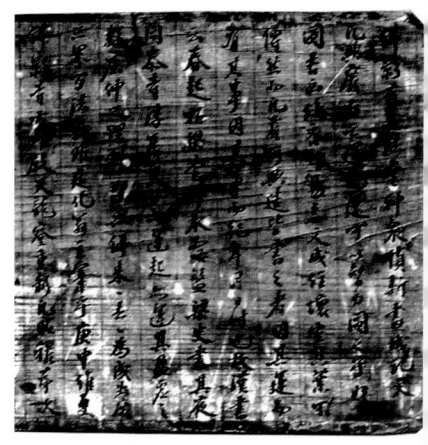

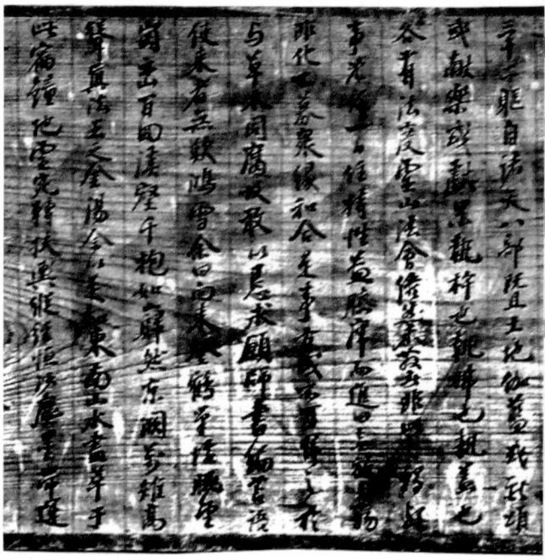

22 나무, 29.5×123㎝, 1점, 불영사 성보관 소장.

長旺如何扵小功德呀然自大而侈人耳目耶盒

日非敢也是事雖在数不在人若一任扵運不帰

人倘無違扵以燈續燈將小囑大之囑乎余

莞爾把禿書某也化某也施幹蠱誰掌財

誰依其所闻扵盒也如是

聖上卽位十二年庚申六月小望混虛智照識

緣化秩	施主秩	山中秩	
證明 混虛智照	嘉善 桂活	喚月碧訓	
誦呪 松坡宗玉	比丘 性盒	松坡宗玉	
華月斗誾	比丘 智演	華月斗誾	金東石
比丘 幻浄	比丘 處仲	鶴松奉欣	幀機木手
比丘 桂活	梁舜道	老德 幻浄	
金魚 意雲慈友	金萬得	嘉善 桂活	史興得
比丘 善儀	李學允	持殿 浄郁	李性雲
比丘 瓘幸	金碩亨	性還	木李得孫
比丘 暢爲	盧良達	住持 性盒	箕元
沙彌 暢教	比丘 誼真	致雲	信根
持殿比丘 浄郁	比丘 敏淡	太守	漢起
比丘 性還	比丘 天性	智演	都致
鐘頭比丘 道伯		處行	學祐
浄桶比丘 德律		道活	童命起
化主 喚月碧訓		碩讃	宇浄
供養主比丘 斗沾		道元	奉一
都監嘉善 桂活		有察	碩敏
別座比丘 性遠		幸賢	善竒
僧統 性盒		有逸	幸仁

三綱　　　　　　　　　　妙性　　就文
書記 道元　　　　　　　　德律　　德允
三補 就文

〈낙서〉

英陽居　趙浚容　趙潤容過處　丙申三月 日[23]

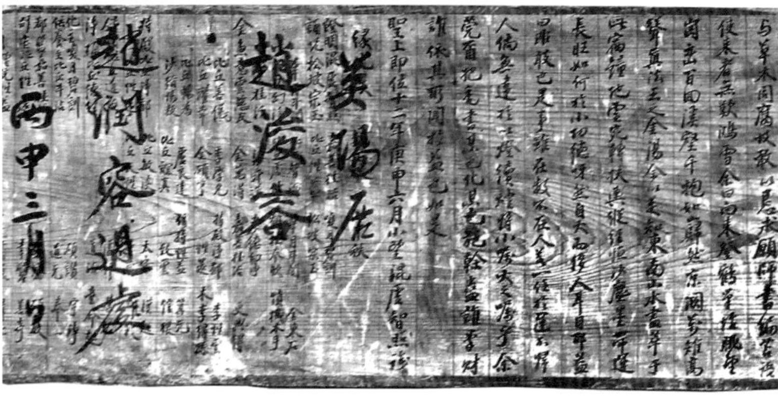

불영사 대법당 신중탱 신화성 기문

무릇 흥하고 망함과 존재하고 없어짐은 세상과 우주 자연의 이치이다. 세상의 흐름을 지혜의 힘으로 그것을 도모(꾀)할 수 있겠는가. 어떻게 가히 길함과 흉함의 잘못(過誤, 後悔)과 인색함을 도모(計劃)하여도 대나무처럼 쉽게 무늬를 이룰 수 없듯이 아예 불가능한 일이다. 마음이 공에 머물러만 있고, 어떤 일을 하고자 하는 마음이 없으면 불경(貝葉)도 전해지지 못했을

23 현판 글 위에 새로 필서하였다.

것이다. 그러나 무릇 있는 것과 만들어진 것들을 모두 기록하는 이유는 그 도모함에 따라 그 일이 있게 되었고, 그 일로 말미암아 연월일시의 바탕이 역사의 단서가 되기 때문이다. 그러므로 한서漢書에 이르기를 "봄에는 백량대[24]를 축조하고 승로반[25]을 만들었다"고 하였고, 양사梁史에는 "그 밤에 동태사 부도탑이 불이 나서 타버렸다."는 기록이 있다.

화재도 또한 운수이고 만들어져 생기는 것도 또 운수이다. 그 가득 차고 비워지는 흥망의 횟수와 일어났다가 사라지는 이치는 한순간도 머물러 쉬지 않는다. 오고 가는 이치와 이루어져 흥하고 소멸하는 것은 삼계의 모든 법이 어느 조화옹의 주인이 한 것이 아니다. 경신년 음력 4월에 불영사의 대웅전과 천룡요를 새롭게 고쳤다. 무릇 신장을 모시는 소목[26]의 차례는 32구이다. 모든 하늘의 천룡, 팔부에서 토지, 가람신에 이르기까지 혹은 칭송을 드리고, 혹은 음악을 올리고, 혹은 과일과 방망이를 잡고, 또는 불자를 잡고, 또 일산을 잡았다. 각각은 법도가 있으며 영산회상의 법회가 확실하다.

아직 드러나지 않은 것도 이것을 가르친 것이 아니겠는가. 일을 끝낸 후 어느 날 주지 성익 대사가 자리로 나아가 무릎을 꿇고 말하기를 "보시도 없고, 물건도 없고, 화주 하여 모금도 하지 않았는데, 여러 인연이 화합하여 이번 일이 바야흐로 이루어졌습니다. 가히 그 전말이 초목이 함께 썩어서 공으로 돌아가게 할 수 없습니다. 그러므로 감히 간절하게 선사의 글을 구하기를 원합니다. 핵심이 되는 이야기를 이엉을 엮듯이 잘 지어 달라고 심부름 온 사람이 기러기가 눈이 녹은 위에 남긴 발자국이 없어지는 탄식(雪泥鴻爪)을 하지 않토록 해야 합니다."

---

24 한나라 무제가 축조한 누각

25 이슬을 받아먹는 구리 쟁반

26 昭穆 : ① 사당에 조상의 신주를 모시는 차례로 왼쪽 줄을 '소' 오른 쪽을 '목'이라하며 1세를 가운데 모시고 2, 4, 6세를 '소'에 3, 5, 7세를 '목'에 모심. ② 종족의 차례

내가 말하기를 “내가 저번에 가서 학소대에 올라 널리 경치를 조망해 보니 산등성이와 봉우리들이 백 겹으로 둘러있었다. 큰 계곡과 산골짜기들이 천 겹으로 에워싸고 있어서 마치 높이 솟아 우뚝한 것이 서울의 궁궐과 성곽들이 길고 높게 솟아서 꿩도 넘지 못하니 참으로 법왕의 금빛 세상(金城湯池)이었다.” 나는 이로써 동남쪽의 산수가 모두 한곳에 모여 있음을 알겠다. 땅의 신령이 잠든 시간에 군색하거나 옹색한 데가 없이 원활하게 수레와 가마(부처님)를 잘 떠받치고 있다. 설령 항하사겁의 티끌 먼지 같은 시간을 옮겨 갈지라도 길이 왕성할 것이다. 어찌 저 작은 공덕과 같겠는가.

아! 그렇다. 스스로 커서 사람들의 눈에 많이 뜨일 따름이다. 성익이 말하기를 “그렇지 않습니다. 이 일이 비록 시절 인연에 있고, 사람에게 있지 않지만, 만약 오로지 운수에 맡겼습니다. 사람이 귀의하여 돌아오지 않거나 혹시라도 등불(법)로서 등불(전등)을 계속 전하는 것에 어긋남이 없으려면 장차 작은 당부로서 크게 당부하는 것입니다.”라고 하였다. 내가 빙그레 웃으며 머리를 긁었다. 글을 쓴 사람은 모이고, 그림을 그린 사람은 모이다. 시주를 주관하고 고심한 사람은 누구인가. 재물을 관장한 사람은 누구인가. 그 모든 것을 성익에게 물어보고 의지하라. 이와 같다.

성상 즉위 12년 경신 6월 14(소망)일 혼허 지조 찬하다.

〈연화질〉

증명 : 혼허 지조

송주 : 송파 종옥, 화월 두은, 비구 환정, 비구 계활

금어 : 의운 자우, 비구 선의, 비구 관행, 비구 창위, 사미 창교

지전 : 비구 정욱, 비구 성일

종두 : 비구 도백

정통 : 비구 덕률

화주 : 환월 벽훈
공양주 : 비구 두첨
도감 : 가선 계활
별좌 : 비구 성원
삼강 : 승통 성익
서기 : 도원
삼보 : 취문
시주질 : 가선 계활, 비구 성익, 비구 지연, 비구 처중, 양순도, 김만득, 이학윤, 김석형, 노양달, 비구 의진, 비구 민담, 비구 천성
산중질 : 환월 벽훈, 송파 종욱, 화월 두은, 학송 봉흔
노덕 : 환정, 가선 계활
지전 : 정욱, 성환
주지 : 성익
대중 : 치운, 태수, 지연, 처행, 도활, 석찬, 도원, 유찰, 행현, 유일, 묘성, 덕률, 기원, 신근, 한기, 도치, 학우
탱기목수 : 김동석, 사홍득, 이성운
부목 : 이득손
동자 : 명기, 우정, 봉일, 석민, 선기, 행인, 취문, 덕윤

낙서 : 영양에 사는 조준용, 조윤용 과객. 병신 3월 일[27]

27 다른 현판 위에 관람하고 자기 이름을 쓰는 것은 선비들이 금기시하는 예절이다. 당시 영양에서 유세를 떨던 조지훈 일가에 오점을 남겼다.

〈背面〉

6-1. 강원도울진군천축산불영사범종루중수기(1920년)

江原道蔚珍郡天竺山佛影寺梵鍾楼重修記
仙槎之西一舍許有寺佛影也卽鷄林古刹也山水奇麗樹林
蓊欝多有勝境世以小金剛稱焉寺之前有楼梵鍾也信熏
上人始刱於順治癸巳淸敏大師重修于康熙乙丑厥後百餘無
人修葺允為風雨之所侵幾至顚覆之悲境事巨力微居僧曾
無回復之意楼斜砌缺過客每有惆悵之懷天運循環無往不
復於是雪耘大禪師來自雪山觀山水之美殿閣之古悅若舊遊
之處也欣然卓錫十餘年間有以献土地而供佛施僧有以設禪
會而闡揚宗風有以印経文而開人眼目有以修寮室而便宜坐
卧唯以佛事為己任無有他也甞以梵樓之重修為願秪由人
事之未遇用費之難辦不遑修繕矣歲在戊午六月見時雨之
滲漏發重建之决心傾出自槖傍募餘資招工輪材準繩
者準繩刀鉅者刀鉅圬墁者圬墁監董者監董各力其務不
数月而功告訖前後之柱砌依舊制東西之房室加新設輪
焉奐焉毘盧寶樓巋然聳出於太極山水之中耳淸晨響
鍾受苦衆生息熱惱而得安樂月夜横杖本分衲子欽淸風
以談道話此豈非耘師願力之所發歟環顧塵寰欲浪滔天
貪火匝地唯利是務奚暇擲数萬之金錢作廣大之佛事耶
猗歟韙哉禪師可謂雪山之使人化門之菩薩也彼白雲靑
岑明月淸風皆是楼之天然記文也何假文字禪師亦何
有於此㦲然古今之沿革非文不傳故余不揆辞拙題数
言于楼楣使百世之後人知今日之有此事也
世尊應化二千九百四十七年秋七月上浣比丘法融記

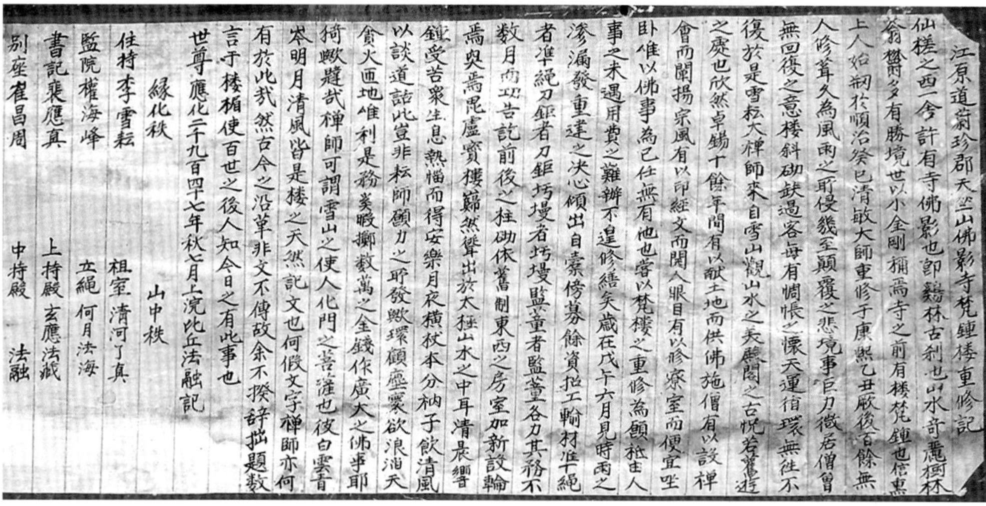

江原道蔚珍郡天竺山佛影寺梵鍾樓重修記
仙槎之西一舍許有寺佛影也卽鷄林古刹也山水奇麗樹林
蓊鬱多有勝境世以小金剛稱焉寺之前有樓梵鍾也信惠
上人始刱於順治癸巳清敏大師重修于康熙乙丑厥後百餘無
人修葺久為風雨之所侵幾至顚覆之悲境事巨力微居僧曾
無回復之意樓斜砌缺過客每有惆悵之懷天運循環無往不
復於是雪耘大禪師來自雪山觀山水之美嘆閣之古恍若舊遊
之處也欣然卓錫十餘年間有以獻土地而供佛施僧有以設禪
會而闡揚宗風有以印經文而開人眼目有以修寮室而便宜坐
臥唯以佛事為己任無有他也嘗以梵樓之重修為願祗由人
事之未遇用費之難辦不遑修繕矣歲在戊午六月見時雨之
滲漏發重建之決心傾出自橐傍募餘資招工輸材准十繩
者準繩刀鋸者刀鋸圬墁者圬墁監董者監董各力其務不
數月而功告訖前後之柱砌依舊制東西之房室加新設輪
焉奐焉甍廬寶樓巋然聳出於太極山水之中耳清晨響
鍾受苦衆生息熱惱而得安樂月夜横杖本分衲子飮清風
以談道詰此豈非耘師願力之所發歟環顧塵寰欲浪滔天
貪火亙地唯利是務奚暇擲數萬之金錢作廣大之佛事耶
猗歟韙哉禪師可謂雪山之使人化門之善灌也彼白雲青
山明月清風皆是樓之天然記文也何假文字禪師亦何
有於此哉然古今之沿革非文不傳故余不揆辞拙題數
言于樓楣使百世之後人知今日之有此事也
世尊應化二千九百四十七年秋七月上浣比丘法融記

緣化秩　山中秩
住持李雪耘　祖室清河了真
監院權海峰　立繩何月法海
書記裵應真　上持殿玄應法藏
別座崔昌周　中持殿　法融

緣化秩		山中秩	
住持	李雪耘	祖室	清河了真
監院	權海峰	立繩	何月法海
書記	裵應真	上持殿	玄應法藏
別座	崔昌周	中持殿	法融
供司	姜正學		白牛在明
負木	史尚喆	下持殿	龍溟修根
監役	魯弘濟		普雲春植
都監	金奎鉉		枕雲淨元
化主	李雪耘	淨桶	順爕
施主秩			法能
李雪耘	壹百參圓		正善
坤命金夫人	拾圓	直使	朴正信
木工等	參拾七圓		
鄭九鎔	壹圓		

七星楔中 壱百圓
地藏楔中 五拾圓
　　大工秩
片手 羅聖奎
　　朴致永
　　朴周三
　　金八用
　　都相德
　　崔道瑞
　　金萬碩
土役片手 白重泰
役夫貳百五十人
修繕合資金捌佰玖拾陸圓陸拾玖錢也
修繕費用金捌佰玖拾肆圓參拾貳錢也

강원도 울진군 천축산 불영사 범종루 중수기

선사[28]의 서쪽에 하나의 부처님의 기원정사를 허락한 사찰이 있으니, 불영이다. 계림(신라) 때의 고찰로 기이하고 아름다운 수림이 무성하고 뛰어난 절경이 많아서 세상 사람들이 소금강산이라고 말한다. 그 사찰은 전에 누각에 범종이 있었는데, 신훈 대사가 창건하였다. 순치 계사년에 청민 대사가 중수하였다. 경희 을축년 이후로 백여 년 동안 수행하는 사람이 없어서 참으로 비바람으로 쓰러지고 침략으로 불탔으니, 몇 번의 뒤집혀 없어지는 전복의 슬픈 일을 당하였다. 불사를 하기에는 큰 힘이 없었고, 살

28 仙槎 : ① 고구려 시대에 울진을 부르던 이름. ② 신선이 타는 배(북한어 사전).

고 있는 승려들도 아직 그것을 회복할 뜻이 없었다. 누각은 기울어지고 섬돌은 없어졌다.

찾아오는 관광객은 매일 있지만, 한탄하고 원망하는 마음으로 빨리 천운이 순환해서 돌아와서 옛날을 회복할 것을 기원하였다. 저 설운대선사가 설악산에서 이곳으로 와서 산수의 아름다움과 전각들을 보고는 옛날에 살았던 기억이 어슴푸레하게 떠올랐다. 기분 좋게 석장을 멈추고 십여 년을 있으면서 토지를 헌납하고, 부처님을 공양하고, 승려들을 잘 지도하고, 선회를 개최하여 널리 종풍을 선양하였다. 경전과 좋은 글들을 인쇄하여 사람들의 안목을 열어 주었다. 수행하는 곳은 수리하여 편안히 수행하게 하고, 오직 불사만 할 뿐 소임에 다른 뜻이 없었다.

일찍이 범종루를 고치기를 발원하였다. 다만 그런 일은 사람을 말미암지만, 비용의 어려움을 만나지 않고, 대중이 힘쓸 겨를이 없이 순식간에 손보아 고쳤다. 무오년 6월에 폭우가 났을 때의 그 참혹함을 보고 사찰을 중건할 결심을 하였다. 스스로 전대를 기울여 출연하고 주위에서 나머지 자금을 모금하여 기술자를 불렀다. 자재를 실어 와서 먹줄을 치는 사람은 먹줄을 치고, 칼과 톱질하는 사람은 칼(도끼)로 다듬고 톱으로 자르며, 흙손 다루는 사람은 흙손으로 벽을 바르고, 감독자는 잘 감독해서 각각 그 맡은 일에 힘을 다해서 불과 수개월 만에 완공하였다.

모두 말한다. 완공 전후에 옛 건물을 의지해서 섬돌과 기둥을 놓았다. 동쪽과 서쪽에 요사채를 지어서 새롭게 진리를 전하도록 하였다. 또 비로전과 보루가 높고 우뚝하게 솟아났다. 저 태극 산수 가운데 앉아서 귓가로 맑게 떨며 울리는 종소리를 들으면, 고통받는 중생들이 극심한 괴로움을 벗어나서 안락을 얻을 것이다. 달밤에도 정진하며 생사를 해탈하려는 스님들(本分衲子)은 맑은 바람을 먹으며 도와 화두를 이야기한다. 이것이 어찌 설운선사의 원력으로 나타난 바가 아니겠는가.

두루 티끌 세계를 돌아보니, 파도처럼 일어나는 욕망이 끝이 없다. 탐욕의 불길에 싸여 있는 곳에서 비록 이익되는 일이라도 어찌 한가하게 수만의 금전을 던져서 광대한 불사를 하겠는가. 아! 편안하고 좋구나. 선사여! 가히 그 설산처럼 위대하고 사람들을 방편 교화하는 것이 '보살'이라고 사람들은 말한다. 저 흰 구름과 푸른 산봉우리들과 청풍명월이 모두 이 범종루의 천연스럽고 자연스러운 절의 아름다운 조화를 글로써 기록한다. 어찌 거짓으로 선사를 기록하고 또 어떻게 이와 같은 일이 있을 수 있겠는가.

고금의 역사는 문자가 아니면 전할 수가 없다. 이런 이유로 내가 서투른 글을 사양하거나 마음을 다스리지 않고, 몇 마디의 말을 써서 범종루의 문 위에 걸어 백년 천년 뒤의 사람들이 알게 하고자 지금 이러한 일이 있었음을 적는다.

세존 응화 2947년 가을 7월 상완 비구 법융 찬하다.

〈연화질〉
주지 : 이설운
감원 : 권해봉
서기 : 배응진
별좌 : 최창주
공사 : 강정학
부목 : 사상철
감역 : 노홍제
도감 : 김규현
화주: 이설운

〈시주질〉
이설운 : 일백 3원
곤명 김부인 : 십원
목공등 : 삼십원

정구용 : 일원
칠성계중 : 일백원
지장계중 : 오십원

〈대공질〉
편수 : 나성규, 박치영, 박주삼, 김용팔, 도상덕, 최도서, 김만석
토역편수 : 백중태
역부 : 250인
수선합자금 : 팔백구십육원 십구전
수선비용금 : 팔백구십 사원 삼십 이전

〈산중질〉
조실 : 청하 요진
입승 : 하월 법해
상지전 : 현응 법장
중지전 : 법융, 백우 재명
하지전 : 용명 수근, 보운 춘식, 침운 정원
정통 : 순섭, 법능, 정선
직사 : 박정신

7. 대한국강원도울진군천축산불영사중수기(懸板, 1906년)[29]

大韓國江原道蔚珍郡天竺山佛影寺重修記

盖聞古蹟鷄林之時九龍五鬼共居此地以龍毒天旱太甚以鬼
毒疾疫流行夭死者無数自為國家之大患者夂矣其時
當宁向佛拜祝曰若不假於大聖之法力難可免於鄙國之災殃惟願
世尊廣施慈悲免此大難　釋迦文佛以三明六通之神力洞建人天之
心念故自靈山會上淩空而降臨此山一千五百年安住石室而受供說
法龍鬼歡喜毒氣永滅當其時歲國泰民安野老謳歌東海龍
王献七寶宮殿以醍醐上味每日致誠矣終末永滅國災次留影而去故
云佛影寺也而至今無災大聖恩德遠及於萬歲厥後義湘祖師自東海
上乗一蘆而到此開基初創数千餘間而山水形㨾㕵如西域之天竺故云天
竺山也為民接物之道師資相合本末相符飛木梟而点址東國之名勝移九
竜而建寺三韓之古刹梵宮儼然豈非祇桓之精舍翼室侍衛實是曺溪
之蘭若三佛正坐叢林傾禮殿牌奉安金龜来朝十六聖衆列坐一室東邦
之靈山十四真境徧立四山南方之金剛鎮地氣而立塔表利現空水與
山而共田蟠龍弄珠中殿之還宮本官之還生軍兵之還退弾指之滅火
無非佛聖之靈驗也雄徒千餘人機傑出寺穀千石家勢豊饒亦是
祖師之熏力也嗚呼人物之盛衰随天時而間生舍㨾之興弊従地理而
替行多經兵禍僧散寺空年久歲深草茂庭空荒凉古壁乱塗倉蝸之
涎跡瑟頹簷長懸白蝠之翅儒士住節而寒心沙門徘徊而悲懷数十年来
冷氣衝天悽悢莫甚矣佛聖之靈驗寺運之亨通雪雲禪師天幸到此
散盡自財数萬金重修買畓容衆人莫謂當年修補寺常作佛事正頹綱
禪教両宗並設東西偉㳝功能越彼太虛講鍾鳴振鐵圍山十八地獄俱離苦

29 나무, 32.5×157.9㎝, 1점, 불영사 성보관 소장.

禪箎聲徹三有海二十八天共受樂若非前生之大願力豈毁五慾而成九仞

三乘學者從順流而漸次修五十二位到灌頂格外禪宗行逆行而觀祖

関一超直入如来地華閣寶殿諸上善人俱會一處山色重輝清净道

場清風衲子数往数来家風益熾佛祖之大恩化士之願力嘉會之家風

道伴之工業虛空界盡而不可窮盡云爾

光武十年丙午暮春逍遙后人皥月有一謹誌

大雄殿十王殿祖師殿羅漢殿観音殿山靈閣上持殿下持殿黃華室無量

壽閣梵鍾樓　化主　雪雲堂奉忍

書記　釋大安

三綱僧統　釋景鉉

首僧　釋若能

同叅施主記

雪山百潭寺ㆍ中文十五両	神溪寺ㆍ中文三両五戋	各名下收合文一両四戋五分
永世堂中文二両五戋	龍華殿堂中文一両	各名下收合文三両二戋
五世堂中文五両	普光堂中文二両五戋	各名下收合文六両九戋

各名下收合文三十五両
雪山新興寺ミ中文十五両
安養庵堂中文四両
各名下收合文三十両
干城華嚴寺ミ中文五両
各名下收合文六両
乾鳳寺ミ中文十七両五戋
普眼堂中文一両五戋
白華極樂寶林鳳庵合文四両二戋五分
各名下收合文四十五両
楡岾寺ミ中文六両五戋
蓮花社堂中文二両五戋
水月般若明寂白蓮合文二両
各名下收合文十両四戋
㒷成得道二庵文一両七戋五分
清信士朴永安文一両
清信女李氏文一両二戋五分
清信女崔氏文七戋五分
天恩寺ミ中文十二両
華嚴堂中文七両
各名下收合文十七両
鶴到庵聖曇性玟文十両
玄荷正三文五両
月譫法悟文五両
太皓巨文文五両
尙宮清信女崔氏浄圡花
尙宮清信女洪氏華鏡月
尙宮清信女金氏水慧月

普雲堂中文一両　各名下收合文六両七戋五分
文殊堂中文一両二戋五分
表雲寺ミ中文二両五戋　白華堂中文一両
正陽寺ミ中文一両　佛智圓通合文一両五戋
各名下收合文七両一戋五分
摩訶衍堂中文二両五戋
各名下收合文十二両七戋五分
長安寺ミ中文四両　各名下收合文二両五戋五合
地藏庵堂中文五戋
各名下收合文三両五戋
陽襄洛山寺ミ中文十五両
各名下收合文十五両
明珠寺ミ中文四十両　各名下收合文二十四両
月精寺ミ中文二十五両　兩房合文十四両
各名下收合文三十七両五戋
普賢寺ミ中文五両　各名下收合文九両
三和寺ミ中文二十両　各名下收合文二十両
新㒷寺ミ中文十五両　各名下收合文八両
瑞雲師主文二十両
靈隐寺ミ中文十五両　大圓堂中文二両
各名下收合文十七両五戋
乾命張斗英
乾命金周容
乾命白倉碩
坤命尹氏丙辰生
坤命郭氏辛巳生
坤命李氏甲戌生

尙宮淸信女魯氏香林月

尙宮淸信女申氏慶德華

尙宮淸信女千氏浄空心

尙宮淸信女白氏淸浄華

尙宮淸信女金氏無心華

尙宮淸信女李氏大覺華

尙宮淸信女崔氏大德信

尙宮淸信女林氏敬信華

淸信女徐氏寶德華

淸信女李氏乙未生

淸信女李氏丁酉生

淸信女郎氏壬申生

淸信女金氏乙巳生

淸信女洪氏己丑生

淸信女閔氏戊子生

淸信女李氏癸卯生

淸信女金氏丁酉生

淸信女趙氏庚戌生

淸信女南氏甲辰生

淸信女金氏癸丑生

淸信女朴氏辛丑生

淸信女朴氏甲辰生

淸信女李氏己酉生

淸信女金氏己亥生

正鏡華

淸信女趙氏浄土花

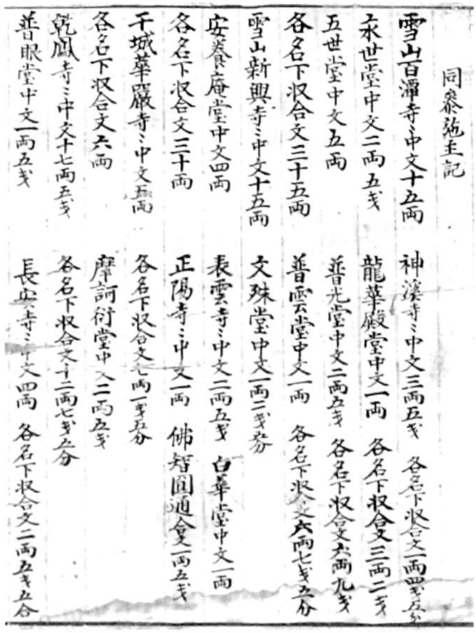

同參施主記

雪山百潭寺〻中文十五兩　神溪寺〻中文三兩五戔　各名下收合文一兩四戔五分

永世堂中文二兩五戔　龍華殿堂中文一兩　各名下收合文三兩二戔

五世堂中文五兩　普光堂中文二兩五戔　各名下收合文六兩九戔

各名下收合文三十五兩　普雲堂中文一兩　各名下收文六兩七戔五分

雪山新興寺〻中文十五兩　文殊堂中文一兩二戔五分

安養庵堂中文四兩　表雲寺〻中文二兩五戔　白華堂中文一兩

各名下收合文三十兩　正陽寺〻中文一兩　佛智圓通合文一兩五戔

千城華嚴寺〻中文五兩　各名下收合文七兩一戔五分

各名下收合文六兩　摩訶衍堂中文二兩五戔

乾鳳寺〻中文十七兩五戔　各名下收合文十二兩七戔五分

普眼堂中文一兩五戔　長安寺〻中文四兩　各名下收合文二兩五戔五分

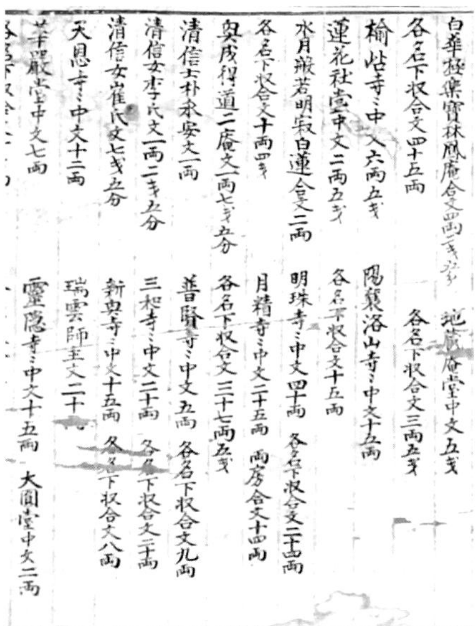

白華極樂寶林鳳庵合文四兩二戔五分　地藏庵堂中文五戔

各名下收合文四十五兩　各名下收合文三兩五戔

榆岾寺〻中文六兩五戔　陽襄洛山寺〻中文十五兩

蓮花社堂中文二兩五戔　各名下收合文十五兩

水月般若明寂白蓮合文二兩　明珠寺〻中文四十兩　各名下收合文二十四兩

各名下收合文十兩四戔　月精寺〻中文二十五兩　兩房合文十四兩

奥成得道二庵文一兩七戔五分　各名下收合文三十七兩五戔

淸信士朴永安文一兩　普賢寺〻中文五兩　各名下收合文九兩

淸信女李氏文一兩二戔五分　三和寺〻中文二十兩　各名下收合文二十兩

淸信女崔氏文七戔五分　新興寺〻中文十五兩　各名下收合文八兩

天恩寺〻中文十二兩　瑞雲師主文二十

普賢殿堂中文七兩　靈隱寺〻中文十五兩　大圓堂中文二兩

대한국 강원도 울진군 천축산 불영사 중수기

대체로 옛날 불영사의 고적에 대한 이야기를 들으면, 계림(신라)시대 때에 아홉 마리의 용과 다섯 귀신이 함께 살았던 곳이라고 한다. 용은 가뭄이 너무 심한 해악을 끼쳤고, 귀신은 돌림병을 유행시켜 무수한 사람들이 요절하게 만들어 나라의 큰 근심이 오래되었다. 그때에 나라의 임금이 부처님을 향해 예배하고 축원하기를 "만약 부처님의 법력을 빌리지 않으면 나라의 재앙을 벗어나기 어렵습니다. 오직 원하옵니다. 세존께서 널리 자비를 베푸셔서 이 큰 재앙을 벗어나게 해주시옵소서."

석가모니 부처님은 삼명과 육통[30]의 신통력으로 사람과 하늘 사람의 마음과 생각(心念)을 모두 밝게 통하여 아시고 영산회상에서 허공을 날아서 이 산에 강림하여 1500년을 석실에서 편안히 계시면서 공양을 받고 법을 설하였다. 용과 귀신은 기쁘게 찬탄하였고, 해악의 기운은 영원히 소멸되었다. 그러자 나라는 태평하고 백성은 편안하였다. 들의 농부들은 행복한 노래를 부르고, 동해의 용왕은 칠보궁전을 지어 바치고, 최고로 맛있는 음식을 매일 지극정성으로 공양 올렸다. 그러나 세상과 나라의 재앙은 영원히 소멸되지 않기 때문에 부처님이 그림자를 남겨두고 가셔서 "불영사"라고 하였다.

지금까지 재앙이 없는 것은 부처님의 은덕이 멀리 만세에까지 미쳤기 때문이다. 그 이후 의상조사가 동해로부터 갈대를 타고 이곳에 이르러 터를 잡고 수천여 칸의 절을 처음 창건하고 산의 모양이 인도의 천축산과 흡사한 이유로 "천축산"이라고 하였다. 백성을 위하고 사람을 사귀는 도(중생구제)는 스승과 제자가 뜻이 통함, 처음과 끝이 서로 부합함, 나무로 만든 오리가 날아가 점지한 것, 우리나라의 여러 아름다운 곳에 터를 잡은 것, 9룡을 이주시키고 절을 창건한 것 등은 우리나라의 고찰들의 공통적인 전설이다.

---

30 三明 : 천안명, 숙명명, 누진명. 六通 : 천안통, 천이통, 타심통, 숙명통, 신족통, 누진통.

범궁(절)은 엄연히 인도의 기원정사가 아니겠는가. 주변의 호위하는 건물들은 진실로 조계선종의 수행처이다. 삼불[31]이 정좌하고, 총림에서 임금의 위패를 봉안하고 예배드렸다. 나라에서 금불상(金龜)과 16 아라한 상을 조성해서 보내와서 나란히 한 곳에 봉안하였다. 우리나라의 신령한 산이며 14가지 참으로 아름다운 경치가 두루 펼쳐져 사방이 산으로 겹겹이 감싸고 있다. 남쪽의 금강은 지기를 위하여 탑을 세워 이롭게 하였다. 산과 물은 둥글게 공을 이루며 휘감아 도는 모습이 흡사 용이 여의주를 희롱하는 모습이다.

중앙의 대웅전을 다시 복원한 일, 본 관사도 다시 일으킨 일, 전쟁의 병화가 물러난 일, 순식간에 화재로 재가 된 것도 부처님의 영험이 아닌 것이 없다. 뛰어난 문도 천여 명 중에 걸출한 인재 여럿을 배출한 것, 절의 식량도 천석을 거두어 가세가 풍요로워짐도 또한 조사들의 명훈 가피의 힘이다. 아! 인물의 나고 사라짐은 하늘의 뜻에 따라 태어나고, 사찰의 흥하고 사라지는 것은 자연의 이치를 따른다. 많은 변화(전쟁)를 거치면서 스님은 흩어지고, 절은 빈 지 오래되어 잡초가 무성하고, 도량은 텅 비었다.

황량하고 쓸쓸한 옛 담벼락은 무너지고 푸른 달팽이 자국은 거문고 줄 같고, 무너진 처마의 긴 서까래엔 흰 박쥐들이 떼 지어 매달려있다. 선비들은 지팡이를 의지해 와서 머물면서 가엾고 안타까워하고, 사문들은 슬픈 얼굴로 배회한다. 수십 년 동안 냉기가 가득하여 처량함이 매우 심하였다. 부처님의 영험으로 사찰의 운세가 형통하려 했는지 설운 선사가 전행으로 이곳에 와서 자신의 재물 수만금을 모두 내어서 절을 중수하고 전답을 매입하였으나 여러 사람들에게 자랑하지 않고 말없이 그해에 절을 보수하였다.

항상 불사를 짓고 무너진 법도를 바로 잡아 선교 양종을 동서에 모두 설치하였다. 위대하도다. 그의 능력이여! 저 시간과 공간을 뛰어넘는 강의와 종소리가 지옥의 철위산을 진동시키고, 18 지옥의 모든 고통을 없애는구나. 참선하는 경책 소리는 삼계(三界)[32]의 바다에서 헤매는 윤회를 부수

31 三佛은 비로자나불, 노사나불, 석가모니불이다.

32 三有는 三界와 같은 말이다.

어 버리고 28 천에 모두 태어나는 복락을 받았다. 만약 전생의 크나큰 원력이 없었다면, 어찌 오욕을 제거하고 이 모든 것을 이룰 수 있었겠는가. 삼승[33]을 배우는 자들이 순차적인 단계를 쫓아서 점차로 수행하여 52위에 도달하여 관정 수기를 받는다.

격외의 진리를 가르치는 선종은 순행과 역행을 모두 관통하여 조사의 관문을 한 번에 뛰어넘어 곧바로 여래의 경지에 들어간다. 화려한 집과 보배로운 궁전의 모든 보살과 선인들이 모두 미륵의 한 도량에서 만나니 산색이 더욱 빛나고, 청정한 도량에 청백 가풍의 선승 납자가 많이 왕래하니 가풍을 더욱 알만하다. 부처님과 조사들의 큰 은혜와 화주의 원력과 아름다운 화합의 가풍과 도반들의 함께 도움은 허공계가 다할지라도 가히 무궁하여 다함이 없으리라.

광무 10년(1906) 병오 이른 봄에 소요[34]의 후인 호월 유일 삼가 기록하다.

대웅전, 시왕전, 조사전, 아라한전, 관음전, 산령각, 상지전, 하지전, 황화실, 무량수각, 범종루

화주 : 설운당 봉인
서기 : 석 대안
삼강 : 승통 석 경현
수승 : 석 약능

33 三乘은 성문, 연각, 보살이다.

34 逍遙太能(1562~1649) : 조선의 명승으로 효종 때 慧鑑禪師의 시호를 받았다. 부용영관(1485~1571) - 부휴선수(1543~1615) - 소요태능 - 극인. 부용영관 – 청허휴정(1520~1604) - 소요태능 - 천해. 스님은 부용영관의 법을 이은 부휴선사와 서산선사의 법맥을 모두 이어받았다.

〈동참시주기〉
설산 백담사 사중문, 15냥
영세당 중문, 2냥 5전
각각 하수합문, 35냥
설산 신흥사 사중문, 15냥
안양암 당중문, 4냥
각각 하수합문, 30냥
간성 화엄사 사중문, 5냥
각각 하수합문, 6냥
건봉사 사중문, 17냥 5전
보안당중문, 1냥 5전
백화암, 극락암, 보림암, 봉암 합문, 4냥 2전 5분
각각 하수합문, 45냥
유점사 사중문, 6냥 5전
연화사 당중문, 2냥 5전
수월암, 반야암, 명적암, 백련암 합문, 2냥
각각 수합문, 10냥 4전
흥성, 득도. 두 암문, 1냥 7전 5분
청신사 박영안. 문, 1냥
청신녀 이씨. 문, 1냥 2전 5분
청신녀 최씨. 문, 7전 5분
천은사 사중 문, 12냥
화엄당중 문, 7냥
각각하수합 문, 17냥
학도암 성담, 성문. 문, 10냥
현하 정삼 문, 5냥
월저 법오 문, 5냥

태호 거문 문, 5냥

신계사 사중 문, 3냥5전,　각각 하수합 문, 1냥4전5분

용화전 당중 문, 1냥,　각각 하수합 문, 3냥2전

보광당중 문, 2냥5전,　각각 하수합 문, 6냥9전

보운당중 문, 1냥,　각각 하수합 문, 6냥7전5분

문수당중 문, 1냥2전5분

표운사 사중 문, 2냥5전,　백화당중 문, 1냥

정양사 사중 문, 1냥,　불지원통 합 문, 1냥5전

각각 하수합 문, 7냥1전5전

마하연당중 문, 2냥5전,　각각 하수합 문, 12냥7전5분

장안사 사중 문, 4냥, 각각 하수합 문, 2냥5전5합

지장암 당중　문, 5전, 각각 하수합 문, 3냥5전

양양낙산사 사중 문, 15냥,　각각 하수합 문, 15냥

명주사 사중 문, 40냥,　각각 하수합 문, 24냥

월정사 사중 문, 25냥, 양방합 문, 14냥, 각각 하수합 문, 37냥5전

보현사 사중 문, 5냥,　각각 하수합 문, 9냥

삼화사 사중 문, 20냥,　각각 하수합 문, 20냥

신흥사 사중 문, 15냥,　각각 하수합 문, 20냥

서운사 사중 문, 20냥

영은사 사중 문, 15냥,　대원당중 문, 2냥

각각 하수합 문, 17냥5전

건명 장두영

건명 김주용

건명 백창석

곤명 윤씨 병진생

곤명 곽씨 신사생

곤명 이씨 갑술생

상궁 청신녀 최씨 정토화
상궁 청신녀 홍씨 화경월
상궁 청신녀 김씨 수혜월
상궁 청신녀 노씨 향림월
상궁 청신녀 신씨 경덕화
상궁 청신녀 천씨 정공심
상궁 청신녀 백씨 청정화
상궁 청신녀 김씨 무심화
상궁 청신녀 이씨 대각화
상궁 청신녀 최씨 대덕신
상궁 청신녀 임씨 경신화
청신녀 서씨 보덕화
청신녀 이씨 을미생
청신녀 이씨 정유생
청신녀 즉씨 임신생
청신녀 김씨 을사생
청신녀 홍씨 기축생
청신녀 민씨 무자생
청신녀 이씨 계묘생
청신녀 김씨 정유생
청신녀 조씨 경술생
청신녀 남씨 갑진생
청신녀 김씨 계축생
청신녀 박씨 신축생
청신녀 이씨 기유생
청신녀 김씨 기해생 정경화
청신녀 조씨 정토화

8. 강원도울진군천축산불영사명부전개금불사기
(懸板, 1920년)[35]

江原道蔚珍郡天竺山佛影寺冥府殿改金佛事記
夫眞佛無形非心識之所知豈設像以可求然衆生迷倒
不識真心恒沉妄想輪廻六趣而不住匍匐三界以無怙若無
觀像攝心之方便其何能歸依生信乎此所以設像之本意
也故我 世尊曾授福田之記矧耳緊我佛影寺地藏尊
像乃数百年瞻禮之本尊也歳華綿歷金體漫漶使我
雲孫每對聖顔不能禁怵慽之心矣粤戊午剥東化主雪
耘禪師發前人未發之心自擔数百緡買金召工始設佛事
本尊一軀觀音二軀法起一軀同時改衣於是焉紫磨金容
放毫光於法界圓融麗質耀彩華於道塲諸佛子倍生
尊敬或唱或誦或瞻或禮自始至終無障回向何莫非禪師
之願力菩薩之慈悲若以卽相無相之眼观察法界則無一
相非我真性唯有設像之教亦何爽於理性哉故瞻禮尊
顔深入法性推窮梵音了達無生則豈小補之哉實為廣大
耳此乃禪師之佛事之本懷也哉唯恐泥蹟於是為記
世尊應化二千九百四十七年己未流火月上澣騰雲比丘法融謹識

緣化秩
住持 雪耘奉忍
証明 河月法海
持殿 玄應法藏
誦呪 海峰法順
金魚 廓雲敬天

---

35 나무, 31×90.9㎝, 1점, 불영사 성보관 소장.

古山竺衍

真淑

供司 正學

別供 昌周

負木 史相喆

淨桶 順燮

都監 弘濟龍舟

龍溟修根

萬翁奎鉉

施主秩

奉忍伏為

先恩法師 夢聖堂典洪 靈駕

亾父 仁川 李時恒 靈駕

亾母 仁同 張氏 靈駕

亾兄 仁川 李學潤 灵駕

亾兄嫂 密陽 朴氏 靈駕

亾淸信女 全州 劉氏善因華 靈駕

願以此功德 普及拎一切

我等與衆生 皆共成佛道

所入金五拾束同價格壱百八十円

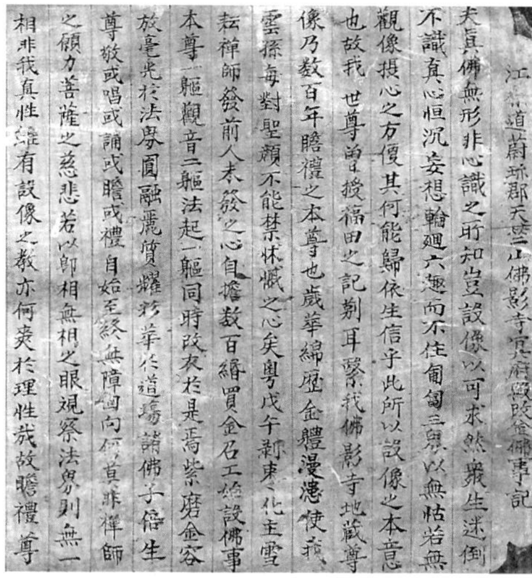
江原道蔚珍郡天竺山佛影寺冥府殿改金佛事記
夫真佛無形非心識之所知豈設像以可求然衆生迷倒
不識真心恒沉妄想輪廻六趣而不住匍匐三界以無怙若無
觀像攝心之方便其何能歸依生信乎此所以設像之本意
也故我 世尊曾授福田之記剃耳擊我佛影寺地藏尊
像乃數百年瞻禮之本尊也歲華綿歷金體漫漶使我
雲孫每對聖顏不能禁怵惕之心矣粤戊午新東化主雪
耘禪師發前人未發之心自擔數百緡買金召工始設佛事
本尊一軀觀音二軀法起一軀同時改衣於是焉紫磨金容
放毫光於法界圓融麗質耀於華於道場諸佛子倍生
尊敬或唱或誦或瞻或禮自始至終無障礙向何真非禪師
之願力菩薩之慈悲若以卽相無相之眼觀察法界則無一
相非我真性雖有設像之教亦何爽於理性哉故瞻禮尊

강원도 울진군 천축산 불영사 명부전 개금 불사기

참 부처는 형상이 없지만, 마음으로도 그것을 알지 못하는 것이다. 어찌 불상을 설치했다고 해서 가히 구하거나 찾을 수 있겠는가. 그러나 중생이 미혹하고 전도되어 참 마음을 알지 못한다. 항상 망상에 빠져서 육도(六趣)

를 윤회하면서 쉬지 못한다. 삼계를 기어 다니면서 믿고 의지할 것이 없다. 만약 불상을 보고 마음을 가다듬어 집중하는 방편이 없다면, 그 무엇으로 능히 귀의하고 믿음이 생기게 하겠는가. 이것이 불상을 모시는 본뜻이다. 그러므로 세존께서 일찍이 그 복전福田을 수기하여 특별히 기록한 법문이다.

아! 우리 불영사의 지장보살상은 곧 수백 년 동안 우러러보면서 예불드린 본존이다. 세월에 채색과 금이 다 벗겨져서 불상인지 구분하지 못할 정도이다. 나의 8대 후손[36]들이 항상 성스러운 존안을 대할 때마다 능히 금지하고 폐기되지 않기를 두려워 근심하는 마음뿐이다.

무오년에 불상의 금박이 벗겨진 것을 새로 개금 불사를 하려고 화주인 설운선사가 전대의 사람들이 일으키지 못한 마음을 일으켜서 스스로 수백의 돈을 부담하여 금을 사고 장인을 사서 불사를 시작하였다. 본존 1구, 관음 2구, 법기 1구를 동시에 개금 불사를 하였다.

이제야 자마금색[37]의 얼굴에서 백호 광명을 법계에 비추어 원만하고 아름다운 채색으로 도량이 연화장세계처럼 빛났다. 모든 불자들이 전보다 훨씬 더 본존이 살아났다고 공경하면서 노래하고 염불하고 혹은 우러러보면서 절을 하였다. 처음부터 끝까지 마장이 없이 회향한 일이 어찌 선사의 원력과 보살의 자비가 아닐 수 있겠는가. 만약 상과 무상의 눈으로서 법계를 관찰하면, 하나의 상도 없는 것이다. 나의 참 성품이 아니라면 비록 불상을 설치하고 교화하더라도 또한 어찌 이성이 시원하게 깨달을 수 있겠는가.

그러므로 불상의 존안에 우러러 예배하며 깊이 진리의 성품(法性)의 세계에 들어가 부처님 말씀(梵音)의 궁극을 탐구(推論)해서 무생법인無生法忍을 깨달아서 통달하면, 어찌 그것이 작은 보탬이겠는가. 참으로 대단한 일이다. 이것이 곧 선사가 불사를 일으킨 본래의 마음이다. 오직 그 사실이 사라지는 것이 두려워 이 기문을 짓는다.

---

36 雲孫은 구름같이 먼 자손 즉 8대의 자손을 말한다. 여기서는 후세 사람들을 위함과 부처님을 모시는 선례를 보여야 함을 의미한다.

37 紫磨金은 붉은색을 내는 금이다.

세존응화 2947년 기미 7월(流火月) 상순에 등운 비구 법융 삼가 찬하다.

〈연화질〉
주지 : 설운 봉인
증명 : 하월 법해
지전 : 현응 법장
송주 : 해봉 법순
금어 : 곽운 경천, 고산 축연, 진숙
공사 : 정학
별공 : 창주
부목 : 사상철
정통 : 순섭
도감 : 홍제 웅주, 용명 수근, 만옹 규현

〈시주질〉

봉인복위

선은 법사 몽성당 전홍 영가
망부 인천 이시항 영가
망모 인동 장씨 영가
망형 인천 이학윤 영가
망형수 밀양 박씨 영가
망 청신녀 전주 유씨 선인화 영가

원컨대 이 공덕을 일체에 널리 공양하여
우리들과 중생들이 모두 성불하소서.

수입금 50속이 돈으로는 180원이다.

9. 천축산불영사칠성전…(懸板, 1920년)[38]

○○天竺山佛影寺七星殿…………

……………………雪耘○○○廣募檀施○○○○幀

卒安……………擇吉日…………生祈福…………禍

因果………道俗…………………其誠…………施

一兩二○○三四五兩○於数百之多金矣回成契會一年一次緇素

咸唯……………名○○願儘未曾有○善事也以此可以延壽

○合掌灾殃殄以傳○孫之○○禪師○○○記○○文○○礼

○○○乎莪太虛巍ヾ○○臨洞徹矣○如反掌豈有毫○

○之福○也○○之記○○于金…………旣…………更

○○○師○○之記云者非謂○也○○○之緣起而○○○記之

…………………顚末以示来後云爾

世尊應化二千九百四十七年庚申流火月[39]○浣法融記

………	金○円	金錦雲	金一円	○○黙	金一円
李○○	金一円	釋明湖	○○円	李○○	金二円
尹○○	金一円四十戋	申東日	○○円	尹大○	金二円
金翠○	金一円	朴龍濵	○○円	尹巖○	金二円
鄭白○	金一円	李錫根	金一円	尹孝錫	金二円
朴昌真	金一円	李成軫	金一円	朱熊伊	金一円
金○鶴	金二円	慶成文	金○円	張壽福	金一円
金學出	金一円	房在允	金○円	崔梅南	金一円
崔世○	金二円	金龍澤	金一円	張鳳柱	金二円

38 나무, 38.5×140.3㎝, 1점, 불영사 성보관 소장.

39 流火月은 7월이다.

南○○　金一円
金○○　金一円
金奉○　金○円
○洛潮　金○円
李富甲　金○円
南監官　金一円
張夫人　金二円
張在龍　金二円
林炳翰　金一円
張龍珠　金一円
張益振　金一円
張熊伊　金二円
崔秀完　金二円
朴完壽　金一円
朴在振　金二円
林時麟　金一円
劉永球　金一円
劉永瑚　金一円
劉永珍　金一円
李鍾泰　金二円
南宅五　金二円
張炳箕　金一円
林時虎　金一円
李圭浩　金一円
安昶植　金一円
安聲載　金一円
柳永根　金一円

裵景元　金一円
李成業　金一円
李元一　金一円
崔在明　金一円
張仁煥　金一円
朴玄應　○一円
張大惠　○一円
崔伯荷　金一円
姜正學　金二円
林善一　金二円
梁大石　金一円
梁在明　金一円
朴正日　金二円
金尙默　金○円
金觀海　金一円
劉永璣　金二円
金重澤　○一円
金億鳳　○二円
張益相　金二円
張明五　金一円
張龍煥　金一○
林應洙　金一円
李武鎬　金二円
尹相興　金○円
金聖文　○一円
李道善　金○円
李建在　金一円

張鳳官　金一円
李○勒　金二円
劉永璇　金五円
劉明化　金二円
李○○　金一円
金○慶　金一円
梁德一　金一円
李○○　金一円
金○奎　金一円
張○鉉　金一円
李○春　金二円
李根春　金一円
李鳳春　金一円
張○明　金一円
羅○振　金一円
朴興振　金一円
史○禮　金一円
金炳翼　金一円
黃寅瑄　金一円
李中善　金一円
尹筐錫　金貳円
朴壹龍　金貳円
洪鳳明　金貳円
柳在春　金壹円
南○伊　金貳円
林○淳　金壹円
朱○達　金貳円

柳聖一　金一円
南天錫　金一円
南孝重　金一円
張聖雄　金二円
姜昌熙　金二円
梁柱一　金二円
朴法心　金一円
權海峰　金一円
魯弘濟　金一円
柳命巖　金二円
張士鉉　金二円
張舜鉉　金二円
崔在崇　金二円
沈○石　金二円
李在實　金二円
吳載廈　金二円
李龍徽　金二円
李弼鎬　金二円
任冕鎬　金一円

李萬千　金二円
李大徽　金○円
李成綱　金○円
張萬壽　金二円
李熊伊　金二円
高載南　金二円
張命巖　金一円
金一河　金二円
趙石崇　金二円
張巖伊　金二円
李慶○　金二円
金鯨岩　金一円
南鎬出　金一円
吳載玉　金一円
吳載得　金一円
金東渾　金二円
金龍哲　金二円
金化碩　金二円
金基得　金二円

坤命盧氏金貳円
李鍾賛　金壹円
房如來藏金壹円
李明○　金壹円
咸　璨　金壹円
朴在春　金壹円
權弼鍾　金壹円
黃柱衡　金貳円
金今鳳　金弍円
吳載連　金弍円
南重順　金弍円
吳振燮　金弍円
林億鳳　金弍円
黃禹○　金弍円
崔道擇　金弍円
李　埈　金壱円
宋永直　金壱円
高在龍　金壱円
宋鎭東　金壱円

천축산 불영사 칠성전

… 설운선사 … 널리 단월들에게 모금하여 … 칠성탱화를 봉안하고 … 날을 택하여 … 기도 축원하고 … 도속들과 … 그 정성스러운 모금이 1냥부터 5냥까지 수 백금이 되었다. 칠성계 모임 1년에 1차에 승복을 물들이고 … 이룬 것은 미증유의 일이다. 이것은 가히 생명을 연장하고 재앙을

소멸하여 자손 대대로 전해질 것이다. … 선사 … 하늘에 높이 우뚝 솟아 … 통하기 쉬우니, 어찌 조금이라도 그 복을 의심하리요. … 설운선사의 공덕을 기록할 뿐 다른 뜻은 없다. … 인연들을 기록하여 … 전말을 후세 사람들에게 보일 따름이다.

세존응화 2947년 경신(1920) 7월 상순 법융 찬하다.

〈시주질〉

○○○ 금 ○원, 이○○ 금 1원, 윤○○ 금 1원 40전, 김취○ 금 1원, 정백○ 금 1원, 박창진 금 1원, 김○학 금 2원, 김학출 금 1원, 최세○ 금 2원, 남○○ 금 1원, 김○○ 금 1원, 김봉○ 금 ○원, ○낙조 금 ○원, 이갑부 금 ○원, 남감관 금 1원, 장부인 금 2원, 장재룡 금 2원, 임병한 금 1원, 장용주 금 1원, 장익진 금 1원, 장웅이 금 2원, 최수완 금 2원, 박완수 금 1원, 박재진 금 2원, 임시린 금 1원, 유영구 금 1원, 유영호 금 1원, 유영진 금 1원, 이종태 금 2원, 남택오 금 2원, 장병기 금 1원, 임시호 금 1원, 이규호 금 1원, 송영식 금 1원, 안성재 금 1원, 류영근 금 1원, 류성일 금 1원, 남천석 금 1원, 남효중 금 1원, 장성웅 금 2원, 강창희 금 2원, 양주일 금 2원, 박법심 금 1원, 권해봉 금 1원, 노홍제 금 1원, 류명암 듬 2원, 장사현 금 2원, 장순현 금 2원, 최재승 금 2원, 심○석 금 2원, 이재실 금 2원, 오재하 금 2원, 이용휘 금 2원, 이필호 금 2원, 임만호 금 1원, 김금운 금 1원, 석명호 금 ○원, 차동일 금 ○원, 박용명 금 ○원, 이석근 금 1원, 이성진 금 1원, 경성문 금 ○원, 방재윤 금 ○원, 김용택 금 1원, 배경원 금 1원, 이성업 금 1원, 이원일 금 1원, 최재명 금 1원, 장인환 금 1원, 박현웅 금 1원, 장대혜 금 1원, 최백하 금 1원, 강정학 금 2원, 인선일 금 2원, 양대석 금 1원, 양재명 금 1원, 박정일 금 2원, 김상묵 금 ○원, 김관해 금 1원, 유영기 금 2원, 김중택 금 1원, 김억봉 금 2원, 장상익 금 2원, 장명오 금 1원,

장용환 금 1원, 임응수 금 1원, 이무호 금 2원, 윤상홍 금 ○원, 김성문 금 1원, 이도선 금 ○원, 이건재 금 1원, 이만천 금 2원, 이대휘 금 ○원, 이성강 금 ○원, 장만수 금 2원, 이웅이 금 2원, 고재남 금 2원, 장명암 금 1원, 김일하 금 2원, 조석숭 금 2원, 장암이 금 2원, 이경○ 금 2원, 김경암 금 1원, 남호출 금 1원, 오재옥 금 1원, 오재득 금 1원, 김동혼 금 2원, 김용철 금 2원, 김화석 금 2원, 김기득 금 2원, ○○묵 금 1원, 이○○ 금 2원, 윤대○ 금 2원, 윤암○ 금 2원, 윤효석 금 2원, 주웅이 금 1원, 장수복 금 1원, 최매남 금 1원, 장봉주 금 2원, 장봉관 금 1원, 이○륵 금 2원, 유영선 금 5원, 유명화 금 2원, 이○○ 금 1원, 김○경 금 1원, 양덕일 금 1원, 이○○ 금 1원, 김○규 금 1원, 장○현 금 1원, 이○춘 금 2원, 이근춘 금 1원, 이봉춘 금 1원, 장○명 금 1원, 나○진 금 1원, 박홍진 금 1원, 사○례 금 1원, 김병익 금 1원, 황인선 금 1원, 이중선 금 1원, 윤광석 금 2원, 박일용 금 2원, 홍봉명 금 2원, 류재춘 금 1원, 님○이 금 2원, 임○순 금 1원, 주○달 금 2원, 곤명 노씨 금 2원, 이종찬 금 1원, 방여래장 금 1원, 이명○ 금 1원, 함찬 금 1원, 박재춘 금 1원, 권필종 금 1원, 황주엽 금 2원, 김금봉 금 2원, 오재련 금 2원, 남중순 금 2원, 오진섭 금 2원, 임억봉 금 2원, 황우○ 금 2원, 최도택 금 2원, 이준 금 1원, 송영직 금 1원, 고재용 금 1원, 손진동 금 1원.

10. 강원도울진군서면천축산불영사적묵당창설선원기
(懸板, 1933년)[40]

江原道蔚珍郡西面天竺山佛影寺寂默堂創設禪院記

謹按古記羅代義湘祖師自东京沿海入丹霞洞登海雲峰北望歎曰西域天竺形勢髴移扵海表也又見磵上生五佛影益奇之尋流而∴[41]登金塔峰則下有毒龍湫祖師為龍說法請施地欲建刹龍不順祖師以神力呪之龍忽發憤穿山裂石而去祖師即填湫而建刹云山之名天竺寺之号佛影盖以此也祖師創建後至李朝中葉千有餘年间寺宇㒷廢無文可考而只有永楽六年戊子八月日李文命之畧記扵蔚珍縣令白克齋還生事而已萬曆三十九年辛亥元月三日黃中允書曰法師性元大開灵山殿及西殿創南庵起東殿而至壬辰乱寺宇盡灰唯灵山殿獨存性元又極力盡心重創此寺開旧基立禪堂云癸卯清和節李子張贈天玉上人小序曰歲在庚子仙槎佛影寺失火法堂及左右禪堂灰燼天玉即古法師惠能門徒而法師住世時到京師淂先笔二十餘字揭在各處者并被回祿之灾今玉師跋涉扵関岺千里之外要淂旧本盖余甞宰仙槎時印其題額数本而来故也余感玉師能継恵能之志辛勤遠来乃復摹出大雄宝殿寂默堂尋劍堂浄慮殿四處額本以贈云推此則今寂默堂在性元時所創禪堂而在恵能時揭寂默額在庚子失火而天玉復得額本扵李子張也近有一禪和子愛秩史笔揭以黃華室之楣而今稱寂默堂者不忈其旧額而并所其寂默二字最合扵安禪之趣味也雪耘長老名奉忍俗姓李本岺南宜寧人年十四入雪岳山五歲庵依夢聖和尙祝髮受戒而禀性勁直行業勤儉扵理扵事無不精密而恒以利他為心人皆稱菩薩间生焉歲己亥春訪到于此寺探祖師之遺跡而山水絕勝基址雄深真道人所居之地也所嗟龍象已去狐狸

40 나무, 41.3×185.5㎝, 1점, 불영사 성보관 소장.

41 下를 의미한다.

爲窄由来土地掃空於濫用雜費旧建堂宇欹斜於風磨雨洗滿庭荒艸守
護無人有志當此豈不心寒而骨砭哉吾當盡力整理期於復古乃已遂補
缺漏剪荒蕪告京邑交隣里內外諸事先為齊整然後出囊中所儲中島佛
峴兩坪畓八十餘斗落価文一千八百九十一両還入翌年庚子春水砧加
頭芝草中島四坪与佛峴枬木谷畓百二十餘斗落価文二千六百二十一
両還入壬寅癸卯両年秋中島佛峴水砧三坪田八十二斗落価文三百五
十両還入這间用下雜費至於一千四百七十九両總計金六千三百四十
一両也而於中畓一百二十餘斗落田八十二斗落以寺中条為定而為其
先師夢聖和尙及其親父母両位与淸信女劉氏善因華亾比丘幻雲堂与
性灵駕年年忌日供养三宝追薦於楽邦畓八十餘斗落以禪房条為定而
供養禪众永久遵行焉如是分之盖有深意寺中与禪房諸般用費皆以寺
中条為出而禪房条專為於禪众粮米也又併合而用之則恐後之管理於
此寺者或藉於寺中公用之多廢其禪會故也自乙巳夏為始創設禪舍众
四十七人安居而至于今継續禪院众常不下於十餘人也其餘自壬寅至
己未十八年间各法堂及寮舍重修佛像与十六羅漢像观音菩薩二位改
金上坍後佛幀一位神众七星各一幀達磨二幀獨聖塑像二位新造梵鍾
樓重修各法堂及寮舍冄次重修大乘経典祖師語錄印刷地藏一观音二
法起一四菩薩像改金与說華嚴會時并捨己財成辦佛事而捴計金旧貨
二千一百四十三両新貨二千一百四十三圓也至於多羅尼板及亻天器与
各種日用汁物悉贍悉具而又設七星契募金殖利畓二十三斗五升落価
文二千両買入歲收二十餘石又設地藏契畓五斗落田六斗落買入以為
常住之資於是乎宝坊嚴浄人神㐂悅龍瀑水殸更奏太古之琴韵鍾峰山
色冄現摩尼之香雲猗歟壯哉非多生善根焉能如是佛祖应悉知悉見而
讃美不已也後之住持幹事之人不墜長老之志而誠心守護保惜常住継
續禪灯至於無窮則可謂侶火与火明明無盡也其玏德如四方虛空不可
量也其或拘於私欲倚於權豪革罷禪室擅裁公財者罪業深重必堕徳途
矣可不戒惧故祖師云善惡分明因果歷然天堂地獄只在目前嗚呼後之

人可以鑑戒也夫
佛紀二千九百五十九年壬申七月解制后翌日蓬萊山人漢岩重遠謹識

禪院規例

一 叅入此院者常念四思重大三界無安精進如救頭燃而切勿遊談無根以招毁謗事
一 住持與幹事者每念其寺中与禪房分定之本意諸般用費皆以寺中条為出禪房条專充於禪粮而切勿互用濫費以招苦果事
一 院主擇其真正發心信願堅固者為之而切勿托於外護之任以廢自己參究本分事事
一 住持与院主常以保護禪衆爲務而每事相議和合成辨矣至於土地秋收文簿出納互相看檢切無彼我之心而內外明白如青天白日事
一 宗主擇其宗眼明白者為之而如無其人立繩當擇其知事理善率誘者為充任事
一 如上規例外更有定規則隨時隨機住持與院主宗主与立繩及大衆共議完成事

山中秩 比丘雪耘奉忍 何月法明 順燮 宗默 寶山天一
淳浩 流水 東一 盛祐 金輪
琦亨 道勤 淸信士 勇智
住持 淇宗 院主 寅瑄 都監 永煥

世尊應化二千九百六十年七月 日 蒼儂田炳典 書

천축산 불영사 적묵당 창설 선원기

삼가 옛 기록을 살펴보니, 신라의 의상조사가 서라벌에서 해변 길을 따라 단하동으로 들어가 해운봉을 올라서 북쪽을 바라보고 감탄하기를 "인도의 영축산을 우리나라 바닷가에 옮겨 놓은 것 같구나. 또 개울물에서 다섯 부처님의 그림자를 보고 그것을 더욱 신비하게 여겼다. 물길을 따라 아래로 내려와서 금탑봉에 올라서 내려다보니, 바로 아래 독룡이 살고 있는 용추龍湫가 있었다. 조사가 용을 위하여 설법하고 이 땅에 사찰을 건립하고자 하였다. 보시하기를 청하여도 따르지 않았다. 조사가 신비한 힘이 있는 그 주문을 외우자, 용이 갑자기 발악을 하면서 산을 뚫고 바위를 부수며 날아갔다. 조사가 곧바로 용소를 메우고 사찰을 건립하였다."고 전한다. 산의 이름은 '천축'이고 사찰의 이름은 '불영'이 된 것은 대개 이것 때문이다.

의상조사의 창건 후 조선 중엽에 이르기까지 천여 년 동안 사찰의 흥하고 망한 것에 대해 살펴볼 수 있는 문헌이 없지만, 단지 영락 6년(1408) 무자 8월에 이문명[42]이 간략히 기록한 울진 현령 백극제가 환생한 것을 적은 기록만 있을 뿐이다. 만력 39년(1611) 신해 1월 3일 황중윤[43]의 글에서 말하기를 "성원 법사가 영산전과 서전을 크게 넓히고 남암을 창건하고 동전을 새롭게 일으켰으나 임진왜란으로 인해 사찰이 모두 불타버리고 오직 영산전만 남았다. 성원 법사가 또 모든 노력과 온 마음을 다해 불영사를 중창하고 옛터에 선당을 세워 개창하였다."고 전한다. 계묘년(1723) 청화절에 이자장[44]이 천옥 상인에게 준 짧은 서문에서 말하기를

"경자년(1720)에 신선이 사는 불영사가 화재로 법당과 좌우의 선당이 잿더미가 되었다. 천옥 선사는 곧 옛날 혜능 법사의 문도이다. 혜능 법사가 살아 계실 때에 서울에 가서 먼저 글씨를 20 여자를 얻어서 전각마다 현판을 만들어 걸어두었는데, 불이 나는 재앙을 만나 함께 불타버렸다. 지금 천옥

42 李文命(? ~1411). 본관은 陜川, 딸이 명의 영락제에게 진상됨.

43 黃中允(1577~1648). 자는 道光, 호는 東溟, 본관은 平海이다.

44 李子張(1498~1554). 조선중기의 문신, 이름은 元孫, 본관은 全義, 호는 無何翁, 저서로 『무하옹집』이 있음.

선사가 산을 넘고 물을 건너 영남과 관동의 천여 리 밖으로 간절히 구본(탁본)을 얻고자 하였다. 대략 말하면, 내가 일찍이 울진 현령으로 있었을 때, 그 현판을 여러장을 탁본해 온 일이 있었다. 나는 천옥 선사가 혜능의 뜻을 계승하고자 수고로움을 마다하지 않고, 먼 길을 다니는 부지런함에 감동하여 바로 베끼고 그려서 모사해 주었다. 모사한 것은 대웅보전, 적묵당, 심검당, 정려전 네 곳의 편액의 탁본한 복사본을 주었다."

고 나온다. 이것으로 헤아려 보면, 지금의 적묵당은 성원 선사가 계실 때 창건한 선당이고, 혜능 법사가 계실 때 적묵당을 걸었다. 편액이 경자년에 화재로 소실되자, 천옥 선사가 다시 이자장에게 있던 탁본을 다시 모사했음을 알 수 있다. 근래에 어떤 선승(禪和子)이 추사[45]의 글씨를 좋아하며 황화실의 문 위에 걸어두었다. 지금 적묵당이라고 부르는 것은 그 옛날의 당호를 잊지 않기 위함이다. 아울러 그 '적묵' 두 글자를 취한 것은 저 안선[46](安心禪)의 본질을 취한 것이다.

설운 장로의 이름은 봉인이고, 속성은 이씨이며, 본관은 영남 의령 사람이다. 14세에 설악산 오세암의 몽성 화상에게 의지하여 삭발 수계 하였다. 화상의 성품은 굳세고, 곧고, 정직하다. 품행은 원래 부지런하고 검소하였다. 이치를 탐구하거나 일을 할 때는 매사에 정밀하지 않은 것이 없었다. 항상 남을 이롭게 하려는 마음을 쓰니, 사람들이 모두 "보살" 이 세상에 태어나셨다고 칭송하였다. 기해년(1899) 봄에 불영사에 와서 방부 드리고, 조사의 종적을 탐구하며 수행하였다. 산수가 빼어나고 아름답고 절터가 깊은 곳에 있고 웅장하니, 참으로 도인이 살만한 자리라고 생각하였다.

탄식하는 것은 훌륭한 선지식[47]은 이미 사라지고, 여우와 살쾡이 같은

---

45 金正喜(1786~1856). 조선후기의 문신, 실학자, 금석학자, 자는 元春, 호는 秋史, 阮堂, 본관은 慶州, 추사체를 완성하였다.

46 安禪은 安心禪의 준말이다. 안심선은 선종의 安心法門을 말한다. 마음이 편안하게 하는 것, 청정하게 하는 것, 공의 이치를 깨닫는 것이다.

무리 들의 소굴이 되었다. 전해오던 토지는 잡비로 남용하여 탕진하였다. 오래된 건물들은 저 비바람에 썩고 떨어져 나가 한쪽으로 기울었다. 경내에는 풀이 무성하고 지켜서 보호하고 관리하는 사람이 없다. 생각이 있고 마음이 있다면, 이러한 상황을 보고 어찌 마음이 섬뜩하고 골수를 바늘로 찔린 것과 같지 않겠는가. 내가 당연히 힘을 다해 정리하여 옛날처럼 복구하여 마치기를 발원하였다. 드디어 새어서 없어진 곳을 보수하고, 황무지처럼 무성한 풀들을 자르고, 서울과 지방과 인근 마을에까지 안과 밖으로 모두 이런 사실들을 알리고 보시를 구하였다.

먼저 가지런하게 정리정돈을 한 후에 가운데 장소에 쌓아놓고 지출하였다. 중도리와 불현리에 있는 두 뜰의 논 80여 마지기를 1,891냥의 가격으로 사서 본사에 귀속시켰다. 이듬해 경자년(1900) 봄에는 수침리, 가두리, 지초리, 중도리 등 네 곳의 뜰과 불현리와 단목곡의 논 120여 마지기를 2,621냥의 가격에 사들여 절에 귀속시켰다. 임인년(1902)과 계묘년(1903)의 가을에도 중도리, 불현리, 수침리 세 곳의 뜰에 있는 밭 82여 마지기를 350냥의 가격에 사들였다. 그간 잡비로 사용한 금액이 1,479냥에 이르고, 총금액은 6,341냥이다.

그 가운데 논 120여 두락과 밭 82두락은 사중의 몫(조목)으로 정하였다. 그의 은사인 몽성 화상과 그의 친부모 양위와 청신녀 유씨 선인화와 죽은 비구 환운당 여성 영가를 위해 매년 기일에 삼보에 공양하고, 극락세계에 왕생하기를 추모하기 위해서이다. 논 80여 두락은 선방의 조목(몫)으로 정하여 선방 대중들께 공양하기를 영원히 준수하여 이행토록 하였다. 이렇게 분배하여 정한 것은 대체로 깊은 뜻이 있다. 사중과 선방의 제반 비용은 모두 사중의 재정 조목에서 출납한다. 하지만 선방의 조목은 오로지 선원 대중들의 양식을 위한 것이다.

또 병합하여 공동으로 재정을 사용하면, 나중에 사찰을 관리하는 자가

---

47 龍象은 부처님을 상징하는 비유이다. 여기서는 훌륭한 선지식으로 지도자가 없음을 말한다.

사중에 속해있다고 그것을 공용으로 사용하는 일이 많아지게 된다. 그러다 보면, 힘들다고 선원을 폐지할까 두렵기 때문이다. 을사년(1905) 여름부터 첫 선원을 개설하여 47인이 안거를 하였다. 지금까지도 계속 계승하고 있다. 선원 대중은 항상 10여 명 아래로 줄어들지 않는다. 그 나머지는 임인년(1902)부터 기미년(1919)에 이르는 18년 동안 각 법당과 요사채를 중수하였다. 불상과 16 아라한 상, 관세음보살 2위를 개금하였다. 상단 후불탱화 1위, 신중과 칠성 각 1탱, 달마 2탱, 독성 소상 2위를 새로 조성하였다.

범종루를 중수하고, 각 법당과 요사채를 재차 중수하였다. 대승 경전과 조사어록을 인쇄하였다. 지장 1위, 관음 2위, 법기 1위의 사보살상을 개금하였다. 화엄 대법회를 열 때 함께 자기의 재물을 희사하여 불사를 확실하게 이루었다. 모금한 금액이 모두 구화는 2,430냥이고, 신화는 2,143원이다. 지금에서야 다라니판 및 불기와 각종 일용 물품들을 모두 제대로 넉넉히 구비하였다. 또 칠성계를 설립해서 돈을 모으고 이자를 불려서 논 23두 5승락(되지기)을 2000냥의 가격을 주고 매입하여 그 해에 20여 석을 수확하였다.

또 지장계를 설립해서 논 5두락과 밭 6두락을 매입하여 항상 쓸 수 있는 자금을 만들었다. 이제야 사찰(寶坊)이 엄숙하고 깨끗하여 사람과 귀신이 모두 기뻐한다. 용추폭포의 물 떨어지는 소리는 다시 태고의 거문고 가락을 연주하고, 종암봉의 산색은 다시 마니보주의 향기 구름이 편안하게 피어오르니, 기상이 훌륭하도다. 다겁생多劫生 동안에 선근을 심지 않았다면 어찌 능히 이럴 수가 있겠는가. 부처님과 조사님들께서 응당히 모두 알고 모두 보아서 찬미함을 그치지 않으리라. 이후로 오는 주지와 관리를 맡은 사람은 설운 장로의 뜻을 실추시키거나 잃어버리지 말라.

진실하고 정성스러운 마음으로 지키고, 소중하게 수호하라. 항상 비우지 말고 살면서 계승해야 할 것이다. 선의 등불(禪燈)이 무궁하게 된다면, 가히 불과 불이 밝고 밝아서 다함이 없다고 말할 수 있을 것이다. 그러한 공덕은 동서남북의 한량없는 허공과 같아서 가히 측량할 수가 없다. 간혹

개인의 사리사욕에 사로잡혀 권세가에 기생하여 선원을 막고 바꾸어서 공적인 재산을 제멋대로 처분한다면, 죄업이 매우 무거워서 반드시 삼악도에 떨어질 것이니, 가히 두려워 삼가 경계하지 않을 수 있겠는가. 옛날 조사가 이르기를 "선과 악이 분명하고 인과가 확실하고, 천당과 지옥은 지금 눈앞에 있다." 하였다.

아! 후세의 사람들은 가히 이것을 거울로 삼아 경계하라.

불기 2959년 임신 7월 해제 후 다음 날 봉래산인 한암 중원[48]은 삼가 찬하다.

〈선원규례-선원청규〉

-. 이 선원에 참선 입방하려는 자는 항상 부모와 나라, 중생과 삼보의 은혜가 크고 무거움을 생각하고, 삼계는 편안한 곳이 없으므로 열심히 정진하기를 마치 머리에 붙은 불을 꺼야 살 수 있는 것처럼 하고, 절대 한가롭게 농담이나 하면서 다른 이들의 수행을 훼방하는 행동을 초래하면 안된다.

-. 주지와 각 관리 책임자들은 매사에 사중과 선방을 구분하여 정한 본의를 생각하여 모든 제반 비용을 사용할 때 모두 사중의 조항(목)으로 지출하고, 선방의 조항은 전적으로 선방의 양식으로 충당하고 절대로 혼용해서 쓰거나 낭비해서 고통스러운 결과를 초래하는 일이 없도록 하라.

-. 원주는 진정으로 발심하고 믿음의 원력이 견고한 자를 선택해서 그 소

48 漢岩 重遠(1876~1951). 성은 方氏, 본관은 溫陽, 경허의 제자, 오대산 상원사에서 조계종 2대 종정 역임. 좌탈입망, 제자는 呑虛 등이 있다.

임을 맡기고, 진정으로 외호하는 사람을 택하여 소임을 맡겨서 자기의 본 분사인 생사 해탈을 참구 하는 일을 폐지하는 일이 없도록 하라.

-. 주지와 원주는 항상 선원 대중 보호에 힘쓰고, 매사에 상의하고 화합하여 정확하고 확실하게 판단하여 결정해야 한다. 저 토지와 추수하는 수확에 대한 장부의 출납은 서로 대조해서 검사하고 절대로 내 것과 남의 것이라는 마음이 없이 내외가 명백하기를 마치 밝은 대낮의 하늘처럼 일 처리를 해야 한다.

-. 종주(조실)는 그 종안의 깨달음이 명백한 사람을 선택하여 그 자리를 맡겨야 한다. 만약 그러한 사람이 없으면, 입승은 마땅히 그 선리와 선원을 잘 알고 솔선수범하여 잘 거느리고 잘 이끌 수 있는 사람을 선택해서 그 소임을 맡겨야 한다.

-. 위에 제시한 것과 같은 규칙 외에 다시 규칙을 정할 경우가 있으면, 그때 그때의 일과 사안에 따라서 주지와 원주, 종주(조실)와 입승 그리고 대중들과 함께 논의하여 일을 완성하라.

산중질 : 비구 설운 봉인, 하월 법명, 순섭, 종묵, 보산 천일, 순호,
류수, 동일, 성우, 금륜, 기현, 도근, 청신사 용지

주지 : 기종

원주 : 인선

도감 : 영환

세존응화 2960(1933) 7월 일에 창농 전병전 씀.

11. 천축산불영사개금불사급설선당중수불사시주방함록
(懸板, 1975년)[49]

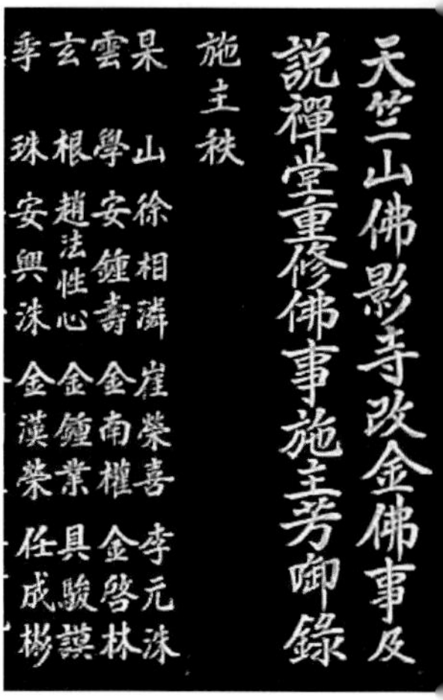
天竺山佛影寺改金佛事及
說禪堂重修佛事施主芳啣錄
施主秩
杲山 徐相潾 崔榮喜 李元洙
雲學 安鍾壽 金南權 金啓林
玄根 趙法性心 金鍾業 具駿謨
季珠 安興洙 金漢榮 任成彬

天竺山佛影寺改金佛事及

說禪堂重修佛事施主芳啣錄

施主秩

杲　山	徐相潾	崔榮喜	李元洙
雲　學	安鍾壽	金南權	金啓林
玄　根	趙法性心	金鍾業	具駿謨
季　珠	安興洙	金漢榮	任成彬
鎭　宇	安桂賢	金潤植	朴普光月
林鎬元	高鳳俊	李定勳	金柱河
林榮茂	高英俊	尹重根	朴玉明華
林常茂	鄭士文	安能仁行	方賢珠
林學茂	朴普光明	金濟郁	李東珏
林鎬式	鄭受欣	金德洙	崔洙蓮
林昌茂	姜正順	金成恩	金龍旭
林炳茂	鄭受昖	朴承奉	安慶烈
林垠廷	鄭大蓮	朴裕綠	方平等心
林鎬瀅	徐聖孝	石宜均	金善心華
趙圓性華	徐宗鈺	石鎭哲	郭周憲
徐廷鎭	徐敬濩	李天燮	吳世均
蔡福姬	金法華心	李三老	申振淑
徐容俊	河一鎬	閔衡植	李康雨
金先禮	河相宇	閔丙奭	全成培

49 1975년, 나무, 36×285.2㎝, 1점, 불영사 성보관 소장.

徐容燮	金念佛心	崔源百	李碩根
徐旼廷	鄭光煜	崔彰根	朴今洙
金埈永	鄭亨煜	朴英濬	崔仙玉
徐順玉	崔鳳烈	朴杜範	張成溪
黃慶九	崔載畯	崔學鎔	南世永
徐信玉	金弘本	崔源峻	南斗克
李　榮	辛敏根	金成培	李道千
文貞子	辛炯敦	金鍾敏	李元泰
李　憲	辛炯燦	徐仁錫	李杜曄
宋貞男	辛炯三	徐東源	姜福基
李　弘	尹光鎭	金昌文	盧廷模
李　烈	尹洪明	金雪峯	朴相淳
李　喜	尹洪錫	金華星	崔攝伊
洪萬德華	尹洪福	金成鐘	金東允
南晶秀	朴貞根	金成裕	張貞順
權粉姜	朴壽元	朴淳寅	方壽福
南泰秀	金鍾勳	朴用植	朴性雲
南貴秀	鄭京澤	文基浩	余正運
南淑娘	李慶煥	金利會	金大洙
南光娘	李政憲	李永鎭	金永曉
南相姬	禹溶鎭	金泳勳	金性範
南炅範	金殷湘	金斗炯	劉永出
白樂憙	趙載亨	金泰昊	權泰玉
洪承萬	趙一鎬	金泰東	方百成
張榮淳	趙台鎬	金在鉉	李信烈
李沃暻	姜明喆	金完炯	張命錫

金無生華	姜京奉	崔聖元	金石木
許　證	姜惠卿	崔圭鉉	朴憲秀
李根弼	尹碩淳	俞天濬	金鍾華
鄭上生華	尹學淳	俞明根	李鍾台
李德煥	尹正淳	李永晃	安柄常
李仁煥	姜斗元	梁周益	李承文
李義煥	金潤成	南相文	張善坤
李琪煥	姜旼廷	趙昌濟	金聖姣
李英姬	金祥愚	趙雄來	吳順玉
李周姬	高正見行	南大爕	禹徹亨
張無碍心	金成卓	金玉麟	禹達亨
朴鍾煥	朴愚春	陳一心行	徐大願行
朴鍾寬	朴昌勳	南相赫	鄭萬德華
朴鍾榮	朴天昱	南相仁	禹聖哲
朴杜顯	金泰允	南廣祐	徐錫主
李俊均	金自然性	白承佐	金先禮
文寶輪	吳東春	崔彰根	張政雄
金法性華	金大智月	金元甲	李國炯
文丞錄	朴根滓	南京周	史順業
文承侖	朴根太	李吉祥華	林厚植
文承楠	洪尙模	尹暘明	林士奎
洪聲朝	禹辰旼	金炳完	張相雄
金潤澤	洪聖玉	李先浩	金東興
崔明善	金壽元	裵基鉉	崔玉子
金益光	崔仙岳	洪聖智華	韓星教
金益奎	金基範	崔漢模	李昌炯

金益永	鄭三燁	崔清子	李晟旭
金益兆	崔英蘭	尹清淨心	李正修
金炳皓	鄭載勳	朴祐東	安柄參
金炳武	金時浩	金元甲	方應南
金炳局	金賢哲	李東元	魚學洙
金炳錄	金賢珠	車相勳	朴金仙
金靜姫	韓光泰	金寬洙	朴龍洙
田炳均	韓潤奎	金泰東	尹玉粉
白觀行子	韓庚希	李賢鏞	白光一
田武重	金應春	安河鎭	金容湜
田銀珠	金顯泌	尹　喆	林功德華
田和珍	金顯哲	俞在彦	金埈萬
許普明華	盧載益	全基碩	張相軫
林盛基	吳泰洙	李鎬瑄	金容浩
林淳基	吳文洙	鄭淳鎬	劉龍得
林重基	金公圭	朴珉柱	林象奎
林訓基	洪惠珍	朴長榮	金炯國
趙敬行	姜大彦	金燦圭	張尤炯
趙元晙	姜慶駿	朴勝吉	金禹洪
趙成勳	鄭德潤	睦鳳相	景性文
趙德姫	睦清淨心	金永勳	郭楨日
趙熙貞	李妙蓮性	劉成道心	郭鍾煥
張毅秀	李極樂願	車榮一	郭蘇良
全松杓	鄭妙蓮性	李仁淑	孫琛翼
張慶律	姜秉昊	閔倫基	郭姫子
張奉律	金承培	奉源奭	趙泰元

張惠林	金虫泉培	崔午烈	郭淸子
金辰煥	金通制華	李軒榮	金澤均
金容元	金潤碩	朴日和	郭卿珠

山中秩

證明 暎岩

住持 一休

金魚 俊柱

大衆

昭林	智圓	智文	仁光
光法	道歡	光湧	惠印
普明	元明	道林	德悟
慈護	戒田	淨行	明淳
法眞	明順	李法華心	徐圓滿心
延白蓮華	金眞實行	金兵嶽	金淑子

乙卯年三月二十七日

천축산 불영사 개금불사 급 설선당 중수불사 시주 방함록

〈시주질〉

고산, 운학, 현근, 계루, 진우, 임호원, 임영무, 임상무, 임학무, 임호식, 임창무, 임병무, 임은정, 임호형, 조원성화, 서정진, 채복희, 서용준, 김선례, 서용섭, 서민정, 김준영, 서순옥, 황경구, 서신옥, 이영, 문정자, 이헌, 송정남, 이홍, 이렬, 이희, 홍만덕화, 남정수, 권분강, 남태수, 남귀수, 남숙랑, 남광랑, 남상랑, 남경범, 백락희, 홍승만, 장영순, 이옥경, 김무생화, 허증, 이근필, 정상생화, 이덕환, 이인환, 이의환, 이기환, 이영희, 이주희, 장무애심, 박종환, 박종관, 박종영, 박주현, 이준균, 문보륜, 김법성화, 문승록, 문승륜, 문승남, 홍성조, 김윤택, 최명선, 김익광, 김익규, 김익영, 김익조, 김병호, 김병무, 김병국, 김병록, 김정희, 전병균, 백관행자, 전무중, 전은주, 전화진, 허보명화, 임성기, 임순기, 임중기, 임훈기, 조경행, 조원준, 조성훈, 조덕희, 조희정, 장의수, 전송표, 장경률, 장봉률, 장혜림, 김진환, 김용원, 서상린, 안종수, 조법성심, 안흥수, 안계현, 고봉준, 고영준, 정사문, 박보광명, 정수일, 강정순, 정수연, 정대련, 서성효, 서종현, 서경호, 김법화심, 하일호, 하상우, 김염불심, 정광욱, 정형욱, 최봉렬, 최재준, 김홍본, 신민근, 신형돈, 신형찬, 신형삼, 윤광진, 윤홍명, 윤홍석, 윤홍복, 박정근, 박수원, 김종훈, 정경택, 이경환, 이정헌, 우용진, 김은상, 조재형, 조일호, 조태호, 강명철, 강경봉, 강혜경, 윤석순, 윤학순, 윤정순, 강두원, 김윤성, 강민정, 김상우, 고정견행, 김성탁, 박우춘, 박창훈, 박천욱, 김태윤, 김자연성, 오동춘, 김대지월, 박근효, 박근태, 홍상모, 우진민, 홍성옥, 김수원, 최선악, 김기범, 정삼화, 최영란, 정재훈, 김시호, 김현철, 김현주, 한광태, 한윤규, 한경희, 김응춘, 김현필, 김현철, 노재익, 오태수, 오문수, 김공규, 홍혜진, 강대언, 강경준, 정덕윤, 목청정심, 이묘련성, 이극락원, 정묘련성, 강병호, 김승배, 김천배, 김통제화, 김윤석, 최영희, 김남권, 김종업, 김한영, 김윤식, 이정훈, 윤증근, 안능인행, 김덕수, 김성은, 박승봉, 박유록, 석의균, 석진철, 이천섭, 이삼노, 민형식, 민병석, 최원백, 최창근, 박영준, 박주범, 최학용, 최워준, 김성배, 김종민, 서인석, 서동원, 김창문, 김설봉, 김화성, 김성종, 김성유, 박순인, 박용식, 문기호, 김이회, 이영진, 김영훈, 김두형, 김태호, 김태동, 김재현, 김완형, 최성원, 최규현, 유천준, 유명근, 이영황, 양주익, 남상문, 조창제, 조웅래, 남대섭, 김옥민, 진일심행, 남상혁, 남상인, 남광우, 백승좌, 최창근, 김원갑, 남경주, 이길상화, 윤양명, 김병완, 이선호, 배기현, 홍성지화, 최한모, 최청자, 윤청정심, 박우동, 김원갑, 이동원, 차상훈, 김관수, 김태동, 이현용, 안하진, 윤철, 유재언, 전기석, 이호선, 정순호, 박민주, 박장영, 김찬규, 박승규, 목봉상, 김영훈, 유성도심, 차영일, 이인숙, 민륜기, 봉원석, 최오렬, 이헌영, 박일화, 이원수, 김계림, 구준모, 임성빈, 박보광명, 김주하, 박옥명화, 방현주, 이동각, 최수련, 김용욱, 안경렬, 방평등심, 김선심화, 곽주헌, 오세균, 차진숙, 이광우, 전성배, 이석근, 박근수, 최선옥, 장선계, 남세영, 남두극, 이도천, 이원태, 이주화, 강복기, 노정모, 박상순, 최섭이, 김동윤, 장정순, 방수복, 박성운, 여정운, 김대수, 김영효, 김성범, 유영출, 권태옥, 방백성, 이신렬, 장명석, 김석목, 박헌수, 김종화, 이종태, 안병상, 이승문, 장선곤, 김성교, 오순옥, 우철형, 서대원행, 정만덕화, 우성철, 서석주, 김선례, 장정웅, 이국형, 사순업, 임후식, 임사규, 장상웅, 김동흥, 최옥자, 한성교, 이창형, 이성욱, 이정수, 안병삼, 방응남, 어학수, 박금선, 박용수, 윤옥분, 백광일, 김용식, 임공덕화, 김준만, 장상진, 김용호, 유용득, 임상규, 김형국, 장우형, 김우홍, 경성문, 곽정일, 곽종환, 곽소량, 손채익, 곽희자, 조태원, 곽청자, 김택균, 곽경주

〈산중질〉

증명 : 영암

주지 : 일휴

금어 : 준주

대중 : 소림, 지원, 지문, 인광, 광법, 도환, 광용, 혜인, 보명, 원명, 도림, 덕오, 자호, 계전, 정행, 명순, 법진, 명순, 이법화심, 서원만심, 연백련화, 김진실행, 김점악, 김숙자

을묘년(1975) 3월 27일

12. 불영사범종루개연기(懸板, 20세기 전반)[50]

佛影寺梵鍾樓改椽記

樓也乃新羅道人儀湘法師之所創也世遠年
深風磨雨洗上椽朽落元軆傾側遊人過客多
傷感焉　聖上靑蛇之歲夲寺上人海淡有儀
感慨發誠共欲重修同心并力盡傾囊儲持
勸文出山檀施相競遂得数百金山中某ㄷ之
禪多出己財又出三宝用儲之物赤馬之春傍求
工匠扵是斧者斧之鉅者鉅之柱樑方礎因舊
材而不變上樑椽梠用新材而不用舊不日重葺
因求靑鳥之畫工用五彩而圖之鄭虔崔伯之神
畫不重扵此也㳄改椽畫壁不数月而落成之何
其速歟亦乃擧寺輔翼之勢然也揭號梵鍾
樓者何設水陸扵斯振鯨音扵斯動魚梵扵斯請
四聖扵斯故云此號也而凢成功之後無記則檀施
與化主姓名後日無考故余所見面墻不知規模
㥬拙記之也已　蔚珍縣令辛必厚
玄牛端陽月碧虗門人巖快圓記

山中秩　　施主秩　　持殿　快均　　化主秩
松巖堂快圓大師　　張達恒　　　　敏宗　　快圓
老德秩　　海淡　　　　德化　　海淡
嘉善　處宗　　修衍　　三綱　性淑　　有儀
　　　　　　　　　　　　　軌訓
　　剋念　　曾玉　　縁化秩　　施主秩

---

50 나무, 39.7×89.5㎝, 1점, 불영사 성보관 소장.

通政	在琳	德勒
嘉善	在敏	學敬
通政	曾梅	學軒
通政	懷勒	張命一
通政	學軒	尹宗一
通政	修衍	史有孫

都木手	位平	慧悟
	德閑	斗順
	大機	德化
	達玄	思倫
供養主	斗真	智霑
負木	福冾	如霑
別坐	學敬	曾恵
都監	懷勒	

불영사 범종루 개연기

범종루는 곧 신라의 도인 의상 법사가 창건한 것이다. 지어진 세월이 오래되어 바람에 마모되고, 비에 서까래가 썩어서 누각의 본체가 한쪽으로 기울어졌다. 불자들과 관람하는 사람들이 모두 근심하였다. 황제의 을사(靑蛇)년(1905, 광무9년)에 본사의 어른이신 해담 유의스님이 무너지기 직전의 누각을 보고 탄식하고 중수하려고 하였다. 마음을 하나로 모아서 각자 쌓아놓은 주머니를 모두 털었다. 권선문을 가지고 산문을 나오니 단월들이 서로 경쟁하듯이 시주를 하는 바람에 금방 수 백금을 얻었다. 산중의 모모의 선사가 많은 재물을 내놓고 또 삼보께 쓸 재물도 출연하였다.

병오년(赤馬) 봄에 가까운 곳의 기술쟁이(工匠)들을 구하였다. 도끼질하는 사람은 나무를 다듬고, 톱질하는 사람은 잘라서 기둥과 대들보를 깎았다. 바야흐로 주춧돌을 옛날 그대로 두고, 나무가 썩지 않은 것은 그대로 쓰고 서까래와 평고대는 새로 교체하였다. 공사를 시작한 지 얼마 되지 않아서 상량하였다. 청조(極樂鳥)의 화공을 구함으로 인연으로 오채색을 사용하여 그렸다. 단청의 표현이 살아 있는 것처럼 뛰어나서 최백[51]의 신묘한

51 崔伯(생몰미상). 북송시대의 화가, 자는 子西, 도석인물, 귀신, 화죽, 영모를

그림도 이보다는 귀하지 않을 것이다. 처음 서까래와 단청과 벽화를 모두 보수하고 몇 개월이 되지 않아 범종루의 낙성법회를 하였다.

이렇게 신속하게 이루어진 것은 절이 거들고 잘 도와서 좋은 대로 인도한 힘 때문에 그렇게 된 것이다. 범종루의 이름을 드높인 것은 무엇일까? 수륙재를 베풀어서 이 종소리를 울리고, 어산 범패의 노래로 모든 성인[52]들을 청한 이유로 이와 같은 명성이 났다고 말한다. 무릇 성공한 뒤에 기록이 없다면, 곧 단월들의 보시와 화주한 이들의 성명은 훗날 상고하거나 기억할 수 없게 되는 이유로 나의 좁은 소견으로 규범은 알지 못하지만 어리석음을 잊고 그것을 기록하는 바이다.

울진 현령 신필후 찬하다.
임인년(玄牛) 단양(단오)월 벽허문인 쾌원 씀

산중질 : 송암당 쾌원대사
노덕질 : 가선 처종, 극념, 재민
통　정 : 재림, 증매, 회륵, 학헌, 수연
시주질 : 장달항, 해담, 수연, 증옥, 덕륵, 학경, 학헌, 장명일, 윤종일, 사유손
지전 : 쾌균, 민종, 덕화
삼강 : 성숙, 궤훈
화주질 : 쾌원, 해담, 유의
연화질 : 도목수-위평, 덕한, 대기, 달현
공양주 : 두진
부목 : 복협
별좌 : 학경

잘 그렸다.

52 四聖은 모든 부처님, 성문, 연각, 보살이다.

도감 : 회륵

시주질 : 혜오, 두순, 덕화, 사륜, 지점, 여점, 증혜

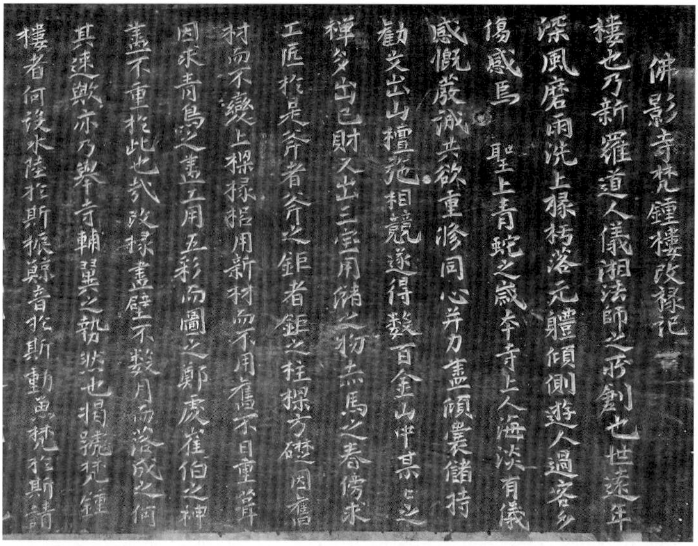

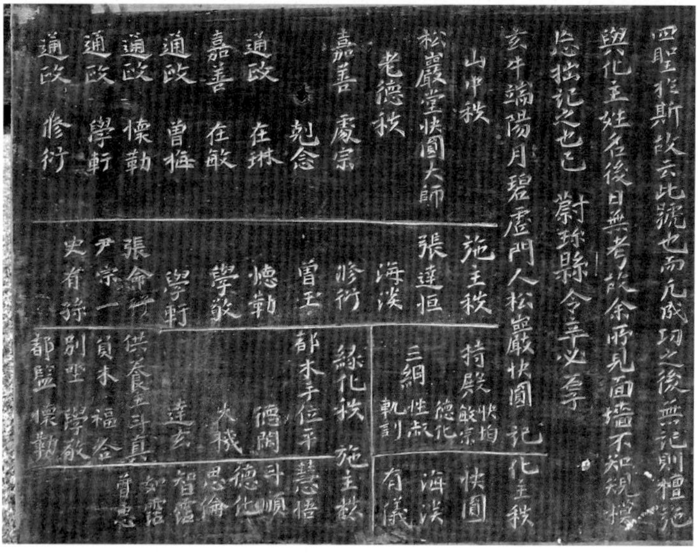

Ⅱ. 불교조각

1. 응진전 석조석가여래삼존좌상과 나한상 조성발원문
(1677년)

康熙十六年丁巳七月旬日[1]化主幹定山人克慧禪師發願
　　文記　者始於丙辰歲次
始於願共諸檀越等塵財物己勸施受不朽之良因結緣
死恨不顧不飽寒熱[2]莫憚勒行苦得擧目明三月至日送
昧節三時單恨屯功成矣况於千里山高水闊不然調行
獨運恨思頻湄長呈豈非耶可勝哉
右[3]丁巳五月爲初始役之終於七月旬日畢役不日成之造佛[4]也
左[5]嘆在天仰悲願稽首待有欲成如子億母如渴者
思水就地造像處慶尙左道慶州東嶺山乃谷至造成于
佛影寺安邀

善手良工匠人秩
首畵員尙倫比丘
宗鑒[6]比丘
双益比丘
宝藏比丘
定日比丘
德云比丘

施主秩
大施主金士男兩主
大地主金千億兩主
大施主朴氏伊金兩主
大施主林樅檜兩主
大施主張須男兩主
大地主張儀忠兩主[7]

緣化供養主秩

---

1 1677년 7월 10일, 白紙墨書.
2 원문은 爇.
3 傍書함.
4 佛은 仴.
5 傍書함.
6 鑒: 原文은 속자. 圓道祐之,『草書字典』, 1979, p.562 참조.

大施主張　　證明大德 宗悅 比丘
羅漢第一位獨辦施主 端 比丘　　持殿 草衍 比丘
第二位獨辦施主 失心 比丘　　內別座 學宗 比丘
施主 朴起奉 兩主　　外別座來往 無戒 比丘
施主 白以立 兩主　　供養主 淸日 比丘
施主 曹大京 灵駕　　希玉 比丘
喉領桶施主 韓靑國 兩主　　太根 比丘
施主 金保音金 兩主　　化主克惠比丘
施主 崔五信 兩主　　圓印比丘
崔氏楨女 保体　　腹藏紙施主秩
黃須山 兩主　　懷敏 比丘[8]
日女 保体　　法宗 比丘
大定 灵現 比丘　　元信 比丘
懶湜 比丘
廣宝 比丘
尙善 比丘

강희 16년 정사 7월 10일 화주 간정산인 극혜선사 발원문기
시작한 것은 병진년 다음 해이다.

시작한 발원과 더불어 모든 단월들이 티끌 같은 재물을 포함하여 권선하고 보시를 받아서 영원히 없어지지 않는 좋은 원인과 인연을 맺었다. 죽음의 원망스러움도 상관하지 않고, 춥고 더움과 배고프고 힘든 고통스러운 일도 꺼리지 않고, 몇 달을 걸려서 이듬해 3월 하짓날 새벽 3시에 묶어

7 儀는 仅.
8 懷는 怀.

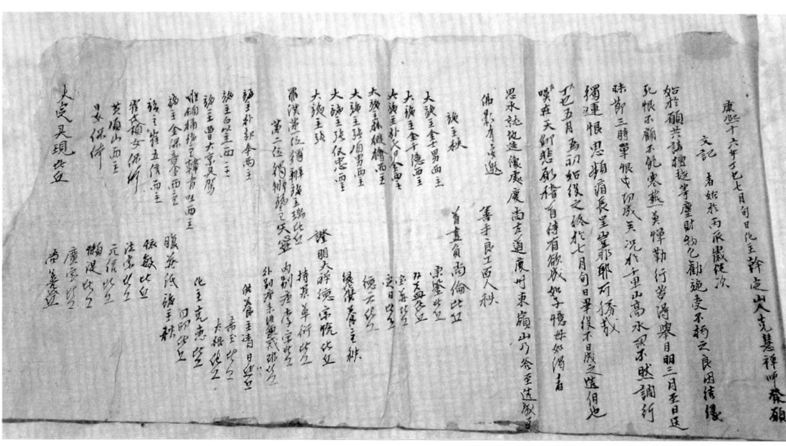
康熙十六年丁巳七月旬日化主 許遠山人克慧禪師 發願
文記 者始於丙辰歲從次
始於願共請檀越[illegible]塵財物乞勸施受不朽之良因結緣
死恨不顧不飽寒[illegible]莫憚勤行勞得舉月明三月至日[illegible]
味節三時草根也仍成矣況於千里山高水深不默誦行
獨運悵思翔涌長呈[illegible]耶何勝哉
丁巳五月爲初始役之終於七月旬日畢役不日成之造佛也
嘆在天卿悲郞稽首侍有欲成如子憶母如渴者
思水就地造像處慶尚左道慶州東嶺山乃[illegible]至迭[illegible]
佛影寺安邀
善手良工西人秩
首畫員尚倫比丘
宗鑑比丘
[illegible]比丘
宝[illegible]比丘
宗日比丘
德云比丘
緣化[illegible]主秩
證明大禪德宗[illegible]比丘
持殿草衍比丘
內別座[illegible]宗比丘
外別座[illegible]比丘
供養主清日比丘
希[illegible]比丘
大根比丘
化主克惠比丘
日印比丘
施主秩
大施主金士男兩主
大施主金千德兩主
大施主朴文[illegible]金兩主
大施主林[illegible]檜兩主
大施主張[illegible]男兩主
大施主張仗忠兩主
大施主張
第一位獨辦施主瑞比丘
第二位獨辦施主[illegible]
施主朴[illegible]奉兩主
施主白[illegible]兩主
施主曹大京[illegible]
唯[illegible]施主韓[illegible]兩主
施主金保音金兩主
施主崔五信兩主
崔氏[illegible]女保[illegible]
黃[illegible]山兩主
旻保[illegible]
大[illegible]見現比丘
腹[illegible]紙施主秩
敬敏比丘
法[illegible]比丘
元信比丘
懶湜比丘
廣[illegible]比丘
尙善比丘

보냈다. 다만 유감스러운 것은 모든 것을 완성(마무리)하는 것이다. 하물며 저 천리 길에 높은 산도 많고 또 계곡은 얼마나 많은가. 그렇지 아니한가. 혼자 운반하고 지키며 가는 길이 아주 멀기 때문에 힘든 생각에 자주 눈물이 나지만 어찌 이겨내지 못하겠는가. 정사년 5월에 처음 시작한 후로 마지막 7월 10일 마친 후 며칠이 지나지 않아 불상을 완성하였다.

아! 하늘에 우러르며 머리 조아려 절하며 애절히 발원합니다. 기대하는 것이 모두 이루어지고 아들(불자)이 어머니(부처님, 관세음)를 기억하는 것처럼 계송이 같습니다. 생각하니 그 곳에 불상을 조성하는 것이 흐르는 물처럼 성취되었습니다. 경상좌도 경주 동쪽 고개의 계곡에 이르러 조성한 불상을 불영사에서 맞이하여 편안히 모셨습니다.

〈시주질〉

대시주 : 김사남 양주
대시주 : 김천억 양주
대시주 : 박이금 양주
대시주 : 임정회 양주
대시주 : 장수남 양주
대시주 : 장의충 양주
대시주 : 장
아라한 제 1위 독판시주 : 서 비구
아라한 제 2위 독판시주 : 천심 비구
시 주 : 박월봉 양주
시 주 : 백이립 양주
시 주 : 조대경 양주
후령통[9] 시주 : 한청국 양주
시 주 : 김보음금 양주

시 주 : 최오신 양주
시 주 : 최정녀 보체
시 주 : 황순산 양주
시 주 : 일본 여자 보체
시 주 : 대정 영현 비구

〈선수양공장백인질〉

상화원 : 상륜 비구, 종감 비구, 쌍익 비구, 보장 비구, 정일 비구, 덕운 비구

〈연화질·공양주질〉

증명 : 대선사 종열 비구
지전 : 초연 비구
내별좌 : 학종 비구
외별좌내왕 : 무계 비구
공양주 : 청일 비구, 희옥 비구, 태근 비구
화주 : 극혜 비구, 월인 비구
복장지 시주질 : 의민 비구, 법종 비구, 원신 비구, 나시 비구, 광보 비구, 상선 비구

---

9 惟領桶은 候鈴筒의 오기로 보여 진다.

2. 명부전 석조지장보살삼존상과 시왕상 조성발원문(1688년)

娑婆世界南贍部洲朝鮮國京畿道洛陽城含元殿裏居大施主宋氏節伊大施主李氏英
益大施主朴氏老貞等徒生季世不逢玉像幸承夙世之正因功陪刹利之聖帝身棲豪貴之中心
結蓮胎之上不貪五欲之三常廣修六度之萬行虔命淨界桑門以付儲箱財寶齋沐致誠與我
無異倣優闐之刻工做諸聖之尊像幽冥會宛爾尙存冥府王儼然列座　伏願主上殿下文
經武緯日盛月新王妃殿下百神奏瑞四方致和世子邸[10]下秀分天粹英冠神鋒亦願己身等壽
星永曜福辰長明灾同春雪隨慧日而俱消德若秋雲[11]共慈風而並扇伏願引勸大功德主惠能
大師與化主坦默應坦等此受功德徒生至死永無障碍世世常生法王之家龍宮海藏一聞千
悟菩提之大道念念不退速成正覺廣化群生共報佛恩之願各各緣化等灾消障盡福足慧圓
戒定勤修三毒永斷　康熙二十七年戊辰四月日

施主秩		寺內秩
大施主宋氏節伊保体	證明思信比丘	楚雲比丘
大施主徐氏善業保体	持殿哲玄比丘	卓倫比丘
大施主李氏英生保体		學宋比丘

10 원문은 娍.

11 원문은 雲秋에 앞뒤 바꿈 표시 있음.

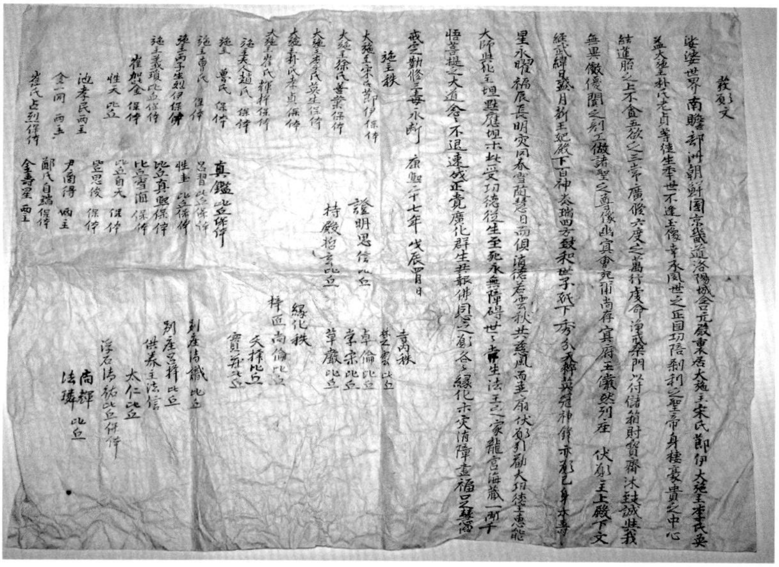

大施主朴氏孝貞保体
大施主崔氏輝枠保体
施主夫人趙氏保体
施主　魯氏保体
施主曺氏　保体
施主丙子生烈伊保体
施主義瓊比丘保体
崔䛇金　保体
性天　保体
池孝民兩主
金一同兩主
崔氏占烈保体

眞鑑比丘保体
呂習比丘保体
性圭比丘保体
比丘眞熙保体
比丘雪海保体
比丘自天保体
比丘思俊保体
尹商得　兩主
鄭氏自端保体
金壽星兩主

草嚴比丘

緣化秩
梓匠尚倫比丘
天擇比丘
寶藏比丘

別座淸識比丘
別座呂擇比丘
供養主法信
太仁比丘
浮石淸祐比丘保体
尚輝
法璘比丘

사바세계 남선부주 조선국 경기도 낙양성 함원전[12] 안에 사는 대시주 송절이, 대시주 이영익, 대시주 박노정 등이 일생동안 玉像(부처님)을 뵙는 행운을 만나지 못했더라면, 태평성대의 바른 인연을 계승하는 찰제리의 聖帝(부처님)[13]의 공덕을 쌓고, 몸에는 고귀한 귀인의 마음(보리심)이 깃들어서 결국에는 연꽃 위(극락세계)에 태어나서 그 三常(탐, 진, 치)의 오욕을 탐하지 않고, 육도(천, 인간, 아수라. 지옥, 아귀, 축생)의 만 가지의 덕행을 널리 닦고, 스님(桑門)의 청정한 계율을 목숨을 다해 삼가고 굳게 지키고, 창고에 쌓아 놓은 보배 재물을 베풀어 중생들을 구제하기를 목욕재계하고 지극정성을 다해 치성드립니다.

제가 그 가득차고 넉넉히 본받을 다른 것이 없었는데, 조각가(刻手)들이 모든 성인들의 존상들을 조각하고, 또 죽은 후의 저승의 모임(幽冥會)인데, 오히려 지옥의 명부 왕들이 엄연히 차례로 앉아 있었다. 엎드려 바라건대 임금께서 문무(나라와 정치)를 잘 다스려서 해(임금)는 더욱 빛나고 달(왕비)은 나날이 새롭고, 왕비를 위하여 모든 신께 아뢰오니 상서로움으로서 사방을 평화롭게 하소서. 세자는 하늘의 으뜸가는 정수를 베풀어서 훌륭한 임금과 성군이 되게 하시고 또한 원컨대 몸의 건강과 수명은 별처럼 영원히 빛나고, 복은 길이 밝혀 주시고, 재앙은 봄의 눈처럼 사라지고, 지혜는 태양처럼 모든 어둠을 사라지게 하소서.

덕은 가을 구름과 같이 일어나고 더불어 자비의 바람은 부채가 필요 없습니다. 엎드려 바라건대 권선으로 인도한 대공덕주 혜능대사와 화주한 탄묵과 응탄 스님도 이 공덕을 받아서 생을 좇아 죽음에 이르기까지 영원히 장애가 없고 세세생생 태어나는 곳마다 법왕의 집에 태어나소서. 용궁의 장경각(海藏)의 설법에서 하나를 듣고 천을 깨달아서 보리의 도에서 생각생각 물러서지 않고, 속히 정각을 이루고 부처가 되어 널리 모든 중생을

12 含元殿 : "원기를 간직하다." 조선시대 경복궁 강녕전의 서북쪽에 있던 건물. 세종 때부터 불상을 모셔두고 불교행사를 열던 곳이다.

13 刹帝利 : 크샤트리아. 인도의 四姓 가운데 둘째 계급. 왕, 왕족을 말함.

제도하고 더불어 부처님의 은혜를 갚기를 발원하옵니다. 각각의 화주한 인연들도 재앙과 장애가 소멸하여 모든 복을 받아서 지계와 선정을 열심히 닦아 지혜가 원만하여 탐진치의 삼독을 영원히 끊기를 발원하나이다.

강희 27년 무진 4월 일

〈시주질〉

대시주 : 송씨 절이 보체
대시주 : 서씨 선업 보체
대시주 : 이씨 영생 보체
대시주 : 박씨 효정 보체
대시주 : 최씨 휘저 보체
시 주 : 부인 조씨 보체
시 주 : 노씨 보체
시 주 : 조씨 보체
시 주 : 의애 비구 보체
시 주 : 최가금 보체
시 주 : 성천 비구
시 주 : 지효민 보체
시 주 : 김일동 보체
시 주 : 최씨 점열 보체
시 주 : 진감 비구 보체
시 주 : 여습 비구 보체
시 주 : 성규 비구 보체
시 주 : 비구 진희 보체
시 주 : 비구 설해 보체

시 주 : 비구 자천 보체
시 주 : 비구 사준 보체
시 주 : 윤상득 양주
시 주 : 정씨 자서 보체
시 주 : 김수성 양주

〈사내질〉

증명 : 사신 비구
지전 : 철현 비구, 초운 비구, 탁륜 비구, 학송 비구, 초암 비구

〈연화질〉

재장(목수) : 상륜 비구, 천봉 비구, 보장 비구
별 좌 : 청식 비구, 여봉 비구
공양주 : 법신, 태인 비구, 부석 청우 비구 보체, 상휘 비구, 법린 비구

3. 극락전 목조아미타여래삼존좌상 조성발원문(1704년)

娑婆世南贍部洲[14]朝鮮國江原[15]道蔚珍
地西面天竺山佛影寺新造成
像 康熙四十三季甲申年三月始役五月
晦日奉安

施主秩	寺內秩	緣化秩
張後秋	是任和尙	訂明應眞
坐服施主	天眼比丘	持殿草字
柳氏	印岑比丘	上畫員卓密
尙宮宋氏	靑式比丘	普雄
白正男	草嚴比丘	天印
白男伊		能印
李己民		自得
金己承		太宗
烏金金常民		蓮珠
安奄立		大全
		豊國
		化主天玉
	供養主	智悅
	釋連	秀迴[16]
	熙現	居士亠暎
		別座坦默

14 원문은 州로 오기.
15 원문은 願으로 오기.
16 『成造雜物器用有功化主錄』(『佛國寺誌(外)』, p.353)에는 秀還으로 기록됨.

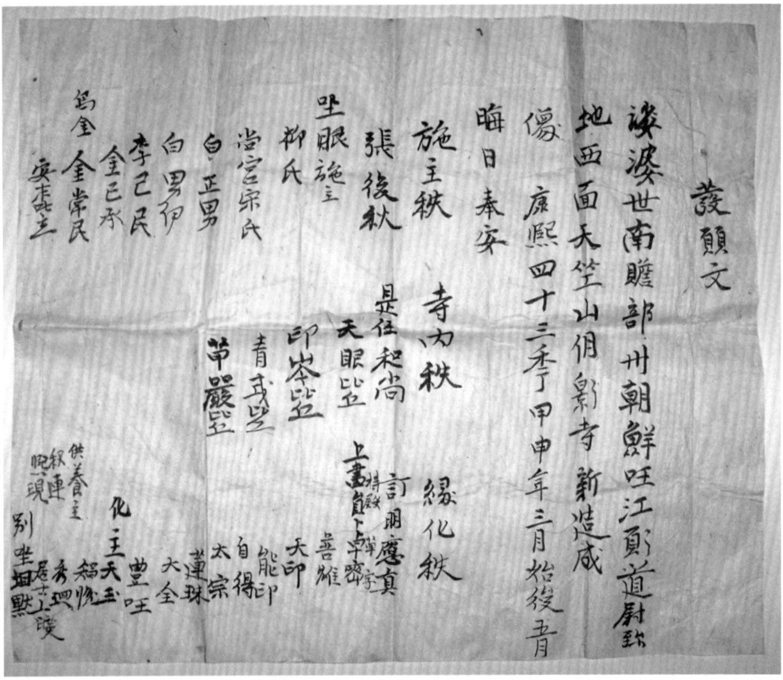
發願文
娑婆世南贍部州朝鮮旺江原道尉珍
地西面天竺山佛影寺新造成
像 康熙四十三季甲申年三月始役五月
晦日奉安
施主秩
坐眼施主
柳氏
尙宮宋氏
白正男
白男伊
李己民
金已承
吾金 金常民
安末叱之
寺內秩
是任和尙
天眼比丘
印岺比丘
靑成比丘
楚嚴比丘
緣化秩

사바세계 남선부주 조선국 강원도 울진 땅 서면 천축산 불영사에 새로 조성하는 불상.

강희 43년 갑신 3월에 시작하여 그 후 5월 그믐날에 봉안하였다.

〈시주질〉

좌안 시주 : 류씨, 상궁 송씨, 백정남, 백사이, 이기민, 김이승, 오금 김상민, 안말주

〈사중질〉

시임 화상, 천안 비구, 인영 비구, 청성 비구, 초엄 비구

〈연화질〉

증　명 : 응진

지　전 : 초자

상화원 : 탁밀, 보웅, 천인, 능인, 자득, 태종, 연주, 대전, 풍국

화　주 : 천옥, 지열, 수회, 거사 상영

공양주 : 석연, 희현

별　좌 : 연묵

4. 석조관음보살좌상 개금발원문(1906년)

觀音佛

此佛像之非身現身適未知其年代甲子而但观願文嘉慶十一年丙寅六月改服云亦未知其幾番重新也今此化士願力至重光武十年丙午九秋末各畵負以作佛事則實是靈山之勝會也 應真殿二十三位彌陁像一位观音像二位獨聖像二位義湘祖師一位合二十九位改粉改彩改金新成也而又靈山後佛幀一軸七星幀一軸八部幀一軸合三軸新畵成願文

願以此功德自徒今身至佛身堅持禁戒不毁犯世ㄷ常逢三寶善知識一言之下悟無生忍常聞正法受持不忘處〃道場常作法師廣開人天眼目三世無雙世〃常行菩薩道摩訶般若婆羅密

	有一		敬演		尙文
證明比丘	音观	金魚比丘	鳳麟		斗煥
	慧日		明照	六色	德進
	在修		德玄		應照
誦呪比丘	奉葉	供司比丘	圓照		斗元
	法元		尙照	地排	朴後始
持殿比丘	正悟	都監比丘	性咸	負木	朴完凢
	應和		斗元		
奉茶	圓白	別座比丘	寶微		
鐘頭	德三		智明		
淨桶	月柱	化主比丘	奉忍		

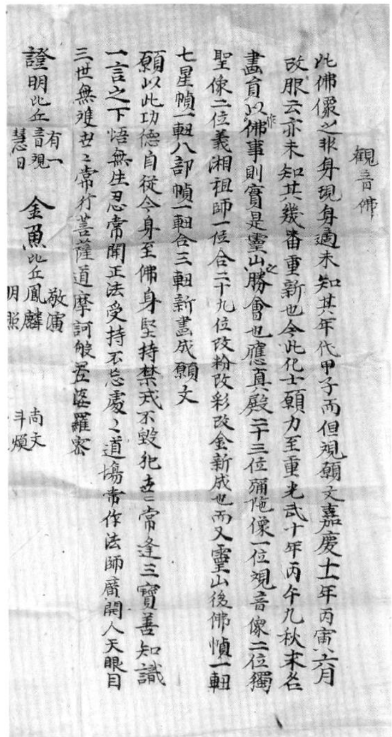

觀音佛

此佛像之非身現身過未知其年代甲子丙但觀願文嘉慶十一年丙寅六月
改服云亦未知其幾番重新也今此化士願力至重光武十年丙午九秋末各
畫員以佛事則實是靈山勝會之也應真殿二十三位彌陀像一位觀音像二位獨
聖像二位義湘祖師一位合二十九位改粉改彩改金新成也而又靈山後佛幀一軸
七星幀一軸八部幀一軸合三軸新畵成願文
願以此功德自從今身至佛身堅持禁戒不毁犯㐂常逢三寶善知識
一言之下悟無生忍常聞正法受持不忘處處道場常作法師爲闊人天眼目
三世無礙世世常行菩薩道摩訶般若波羅密
證明比丘 有一 金魚比丘鳳麟 敬演 尚文
誦呪 慧日 明照 斗煥

관음불 개금

이 불상은 몸이 아니면서 나타나는 화신으로서 그 연대의 갑자를 알지 못한다. 다만 발원문을 살펴보니, 가경 11년(1806) 병인 6월에 개복改服하였다고 하나 또한 그 몇 번 중수한 지는 알지 못한다. 지금 화사化士의 원력이 지극히 중하다. 광무 10년(1906) 병오 9월 말에 각각의 화원들이 불사를 일으켰으니 곧 이 영산의 승회도이다. 응진전 23위, 아미타상 1위, 관음상 2위, 독성상 2위, 의상조사상 1위 등 도합 29위에 대하여 채색을 바꾸고 금칠을 다시 입혀서 새롭게 만들었다.

그리고 또 영산도 뒤에 불상 1축, 칠성탱 1축, 팔부탱 1축 도합 3축을 새롭게 그려서 발원문을 완성하였다.

원하건대 이 공덕으로써, 지금으로부터 불신에 이르기까지 금계禁戒를 굳게 지켜서 훼손하거나 범하지 않아서 대대로 서로 삼보를 만나기를 발원합니다.

선지식善知識의 한마디에 무생법인을 깨닫고, 정법을 듣고, 지키면서 잊지 않으면 곳곳이 도량이고 항상 법사가 되는 것입니다.

널리 인천의 안목을 열어주어서 삼세를 모두 초월해서 세세생생 항상 보살도를 실천하겠습니다.

마하반야바라밀.

증명 : 비구 유일, 음관, 혜일
송주 : 비구 재수, 봉엽, 법원
지전 : 비구 정오, 응화
봉차 : 원백
종두 : 덕삼
정통 : 월주
금어 : 비구 경연, 봉린, 명조, 덕현
공사 : 비구 원조, 상조
도감 : 비구 성함, 두원
별좌 : 비구 보휘, 지명
화주 : 비구 봉인
륙색 : 상문, 두환, 덕진, 응조, 두원
지배 : 박후시
부목 : 박완범

5. 응진전 불상 대중원문(1906년)[17]

大衆願文

佛聖雖靈 時運不刷 堯舜雖聖 後事不必也 十六聖象 願力最勝 不入涅槃 百億刹中 廣化群迷 豈不能保一間蘭若 豈無能顧自身之策 然而我此佛法 永不念自爲身謀 但以利他爲主 則只聖作福結緣者 是也 況此寺幾至空墟之境者久矣 雪雲禪師 忽然到此 一一修補之中 十六聖像與法宇俱毁 故寤寐不忘 幸作佛事 四方知識 雲集道場 一堂俱順可謂三緣付合者此也 豈非化士之願力 亦豈非衆聖之神力哉 歲次卽聖上卽位之四十三年 丙午 菊秋 則返本還源之嘉節也 願此同參結緣 隨嘉功德 億劫多生同爲法侶 一切病苦 一切魔障 永爲消滅 大信根堅固 大念志增長 大疑團獨露 宋無間斷仗 諸佛加被遇 善知識 一言之下 頓忘生死 悟證無上正等 菩提續佛慧命 然後演說正法 廣化群迷 如佛度一切 世世同修普賢道 摩訶般若波羅蜜 時會大衆 至心奉祝

大皇帝陛下壬子生李氏 聖躬 安寧 龍樓 萬歲

光武十年丙午九月日 化主 比丘 雪雲堂 奉忍 證明 比丘 有一 音觀 慧日

誦呪 比丘 在修 奉葉 法元 持殿 比丘 正悟 應和

金魚 比丘 敬演 鳳麟 明照 德玄 供司 比丘 圓照 尙照 淨桶 比丘 月柱 奉茶 比丘 圓白

鐘頭 沙彌德三 六色 比丘 尙文 斗煥 德進 應照 性咸 都監 比丘 斗元 別座 比丘 寶徹 智明

光明 朴完範 地排 朴後始

施主秩 淸信女 壬寅生徐氏 淸信女 壬寅生林氏 淸信女 丁巳生張氏 淸信

---

17 종이, 6매, 불영사 성보관 소장.

女 甲寅生金氏 淸信女 己巳生李氏 淸信女 丁巳生鄭氏 淸信女 乙丑生朴氏 淸信女 辛亥生崔氏 淸信女 己未生張氏

대중원문

성인이신 부처님이 비록 영험하나 시운은 어길 수 없고, 요순이 비록 성스러우나 뒤에 일은 전혀 알 수 없다. 16성상聖象 원력이 가장 빼어난데 열반에는 들어가지 아니하고, 백억의 사찰 가운데 널리 수많은 어리석은 사람들을 교화해도 어찌 한 칸의 절을 보호하지 못하는가. 어찌 자신을 돌아보는 계책이 없겠는가. 그러나 우리 이 불법은 영원히 자신의 몸을 도모하는 것을 생각하지 않는다. 다만 다른 사람을 이롭게 하는 행위를 위주로 하고, 단지 성인이 되기 위한 복을 짓는 인연을 맺는다는 것이 이것이다. 하물며 이 사찰은 거의 공허한 지경에 이른지가 오래되었다.

설운선사가 문득 이 절에 와서 하나하나 보수하던 중 16성상과 법우 등이 모두 훼손되었기 때문에 오매불망하면서 불사를 일으키기를 희망하니, 사방의 선지식들이 구름처럼 모여들었다. 도량의 일당一堂은 모두 순조롭게 갖추어 졌으니, 삼연三緣이 부합한 것이라고 하는 것이 이것이다. 어찌 화사化士의 원력이 아니고 또 어찌 중성衆聖의 신통력이 아니었다고 할 수 있겠는가. 이때는 곧 성상이 즉위하신 지 43년(1906) 병오의 국화꽃 피는 9월, 반본환원返本還源의 아름다운 시절이다.

원하건대, 여기에 동참하여 인연을 맺은 사람들의 수희 공덕은 수억 겁의 세상에서 도반이 되어서 일체의 고통과 일체의 마장 장애가 영원히 소멸하기를 발원합니다.

대신근大信根이 견고해지고, 대염지大念志가 증장하고, 대의단大疑團이 성성하고, 한순간도 끊어지지 않아서 모든 부처의 가피를 입고, 선지식을 만나서 일언지하에 생사를 잊어서 비교할 수 없는 최고(無上正等)의 진리를

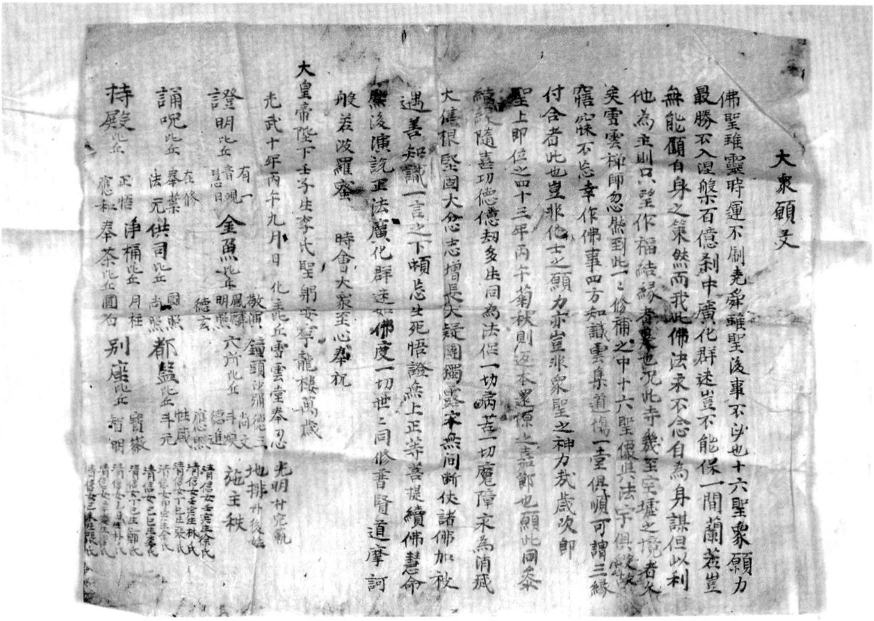
大衆願文
佛聖雖靈時運不側堯舜雖聖後車不必也十六聖衆願力
最勝不入涅槃百億刹中廣化群迷豈不能保一間蘭若豈
無能顧自身之策然而我此佛法衆不念自爲身謀但以利
他爲主則曰望作福緣者也況此寺幾至空墟之境者久
矣雪雲禪師忽然到此修補之中十六聖像與法宇俱
癃殘不忘幸作佛事四方知識雲集道場一堂俱瞻可謂三緣
付合者也豈非化士之願力亦豈非衆聖之神力哉歲次即
聖上卽位之四十三年丙午菊秋則返本還源之嘉節也願此同參
結緣隨喜功德億劫多生同爲法侶一切病苦一切魔障永爲消滅
大信根堅固大念志增長大疑團獨露無間斷伏諸佛加被
遇善知識一言之下頓忘生死悟證無上正等菩提續佛慧命
然後演說正法廣化群迷如佛度一切世之同修普賢道摩訶
般若波羅蜜 時會大衆至心奉祝
大皇帝陛下壬子生李氏聖躬安寧龍樓萬歲
光武十年丙午九月日

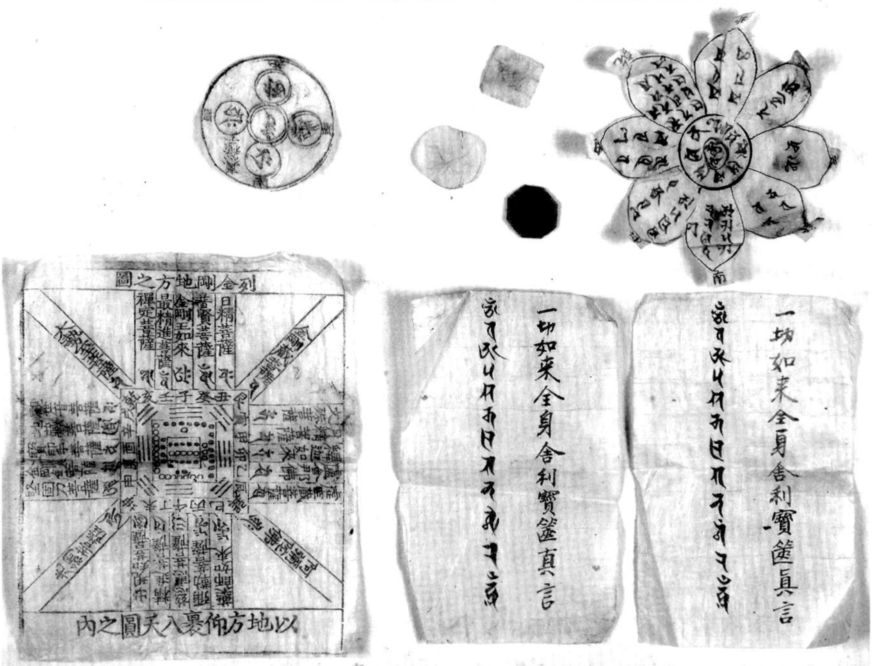
列金剛地方之圖
以地方仰裏入天圓之內
一切如來全身舍利寶篋真言
一切如來全身舍利寶篋真言

깨닫고, 부처님의 혜명慧命을 이은 후에 정법을 연설하여 널리 모든 어리석은 중생들을 교화하기를 부처님이 일체를 제도하셨듯이 세세생생 보현행을 같이 닦겠나이다.

마하반야바라밀.

당시 모인 대중이 지극한 마음으로 축원을 올립니다.

광무 10년(1906) 병오 9월 일

화주 : 비구 설운당 봉인
증명 : 비구 유일, 음관, 혜일
송주 : 비구 재수, 봉섭, 법원
지전 : 비구 정오, 응화
금어 : 비구 경연, 봉린, 명조, 덕현
공사 : 비구 원조, 상조
정통 : 비구 월주
봉다 : 비구 원백
종두 : 사미 덕삼
육소 : 비구 상문, 두환, 덕진, 응조, 성함
도감 : 비구 두원
별좌 : 비구 보미, 지명
광명 : 박완범
지배 : 박후시

시주질

청신녀 임인생 서씨, 청신녀 임인생 임씨, 청신녀 정사생장씨, 청신녀 갑인생 김씨, 청신녀 기사생 이씨, 청신녀 정사생 정씨, 청신녀 을축생 박씨, 청신녀 신해생 최씨, 청신녀 기미생 장씨

Ⅲ. 불교회화

1. 영산회상도(1735년)[1]

雍正拾一年乙卯閏
四月初七日 靈山幀
畢功安于蔚珎西嶺
天竺山佚影寺
緣化秩
證明比丘 印悟 保體
持殿比丘 信澄 保體
畵負比丘 宏遠 保體
　　比丘 明俊 保體
　　比丘 淳日 保體
　　比丘 湫演 保體
　　比丘 秀坦 保體
　　比丘 哲眼 保体
供養主　 淨允 保体
　　　　 岂敬 保体
別座比丘 覚欽 保体

摩訶大化主 幸澤
　　大化主 玄機
　　大化主 泰埜
引勸大施主 廣雲
来泩 右士　抉色
来泩 嘉善　覚欽

1 絹本彩色, 402×373㎝, 불영사 대웅보전 소장.

時三寶　處性

時抗綱比丘 廣責

時記室比丘 淸眼

時和尙 法熙保体

施主
秩抄
大施主
張宗元
兩主保
体願
以此功
德普乃
於一切我
與衆生
界皆
共成
佛道

大施主 張讃世 兩主 保体
大施主 崔成奉 兩主 保体
大施主 嘉善 黃己天
大施主 金自仲 兩主
大施主 張守奐 兩主 保体
大施主 嘉善比丘 廣雲
大施主 幻学 朱什伊 兩主
大施主 沈今 兩主 保体
大施主 金永哲 兩主 保体
大施主 文萬記 兩主 保体
大施主 南萬淑 兩主 保体
大施主 通政比丘 靈淸 保体
大施主 南性択 兩主

大施主 李坦伊 兩主 保体
大施主 比丘 法熙 保体
大施主 通政比丘 淸眼 保体
大施主 比丘 熙醍 保体
大施主 李太伯 兩主 保
大施主 方俊成 兩主 保体
大施主 朴□奐 兩主 保体
大施主 裵釖山 兩主 保体
大施主 張靈几 兩主 保体
大施主 裵信学 兩主 保体
大施主 嘉善 李玉奉 兩主
願以此功德普乃於一切我
等衆生皆共成佛道
願以願以發願己終身切
命礼三宝

옹정11년 을묘 윤 4월 7일 영산탱화를 완공하여 울진 서령 천축산 불영사에 봉안하였다.

〈연화질〉
증명 : 비구 인오 보체
지전 : 비구 신징 보체
화원 : 비구 굉원 보체
비구 명준 보체
비구 순일 보체
비구 추연 보체

비구 수탄 보체
비구 철안 보체
공양주 : 정윤 보체
은경 보체
별좌 : 비구 각흠 보체
마하대화주 : 행택
대화주 : 현기
대화주 : 태초
인권대시주 : 광운
내생 : 우사 쾌색
내생 : 가선 각흠
시삼보 : 처성
시항망 : 비구 광책
시기실 : 비구 청안
시화상 : 법희 보체

〈시주질초〉
대시주 장종원 양주 보체

원하옵니다.
이 공덕을 일체에 널리 회향하오니.
나와 중생계가 함께 성불하소서.

대시주 : 장찬세 양주 보체
대시주 : 최성봉 양주 보체
대시주 : 가선 황기천
대시주 : 김자중 양주

대시주 : 장수환 양주 보체
대시주 : 가선비구 광운
대시주 : 환학 주집이 양주
대시주 : 심금 양주 보체
대시주 : 김영철 양주 보체
대시주 : 문만기 양주 보체
대시주 : 남만숙 양주 보체
대시주 : 통정비구 영청 보체
대시주 : 남성봉 양주
대시주 : 이탄이 양주 보체
대시주 : 비구 법희 보체
대시주 : 통정비구 청안 보체
대시주 : 비구 희제 보체
대시주 : 이태백 양주 보체
대시주 : 방준성 양주 보체
대시주 : 박□환 양주 보체
대시주 : 배일산 양주 보체
대시주 : 장영범 양주 보체
대시주 : 배신학 양주 보체
대시주 : 가선 이옥봉 양주

원하건대 이 공덕을 널리 일체에 회향하오니
나와 중생들이 모두 함께 성불하소서.
발원하고 발원합니다. 발원을 마치 후에도 종신토록
목숨을 마칠 때까지 삼보님께 귀의합니다.

2. 삼장도(1739년, 경주 불국사 소장)[2]

1)

乾隆四年己未五月日

慶尙左道慶州北嶺

普賢山巨洞寺五周庵

造成異功安于

江原道蔚珎縣西嶺天竺

山佛影寺

緣化秩

證明 處澄

持殿 雪元

畫員 密機

彩元

瑞澄

供養主 呂聰

別座 彩元

化主 信眼

2)

本寺秩

山中老衲 天玉

普仁

秀還

2 麻本彩色, 189.5×222.7㎝, 경주 불국사 박물관 소장.

圓俊
尙雄
時和尙 三眼
三綱 淨訓
處宗
書記 淸眼

3)
大施主秩
婆幀施主 金丙戊
兩主
施主 金戒乞
安順明 兩主
崔天龍 兩主
金命哲 兩主
金任昌 兩主
權召吏 保体
金再煥 保体
朴太常 保体
金知衍 兩主
金○山 兩主

건륭4년 기미 5월일 경상좌도 경주 북령 보현산 거동사 내의 오주암에서 조성하여 다른 곳인 강원도 울진현 서령 천축산 불영사에 봉안하였다.

〈연화질〉
증명 : 처징

지전 : 설원

화원 : 밀기, 채원, 서징

공양주 : 여총

별좌 : 채원

화주 : 신안

〈본사질〉

산중노납 : 천옥, 보인, 수환, 원준, 상웅

시화상 : 설안

삼강 : 정훈, 처종

서기 : 청안

〈대시주질〉

바탱시주 : 김병무 양주

시주 : 김계걸 양주, 안순명 양주, 최천룡 양주, 김명철 양주, 김임창 양주, 권소리 보체, 김재환 보체, 박태상 보체, 김지연 양주, 김○산 양주

3. 이포외여래번(1760년, 양산 통도사 소장)[3]

乾隆二十五年
庚辰二月日佛影
寺安于
證明 妙圓 保体
良工 海天 保体
　　 德連 保体
施主 崔正戌 保体
施主 田己萬 保体
李甲乭伊 兩主 保体
安丁宅 兩主 保体
別座 國玄 保体
化主 懷白 保体
供養主 印性 保体

건륭25년 경진 2월일 불영사 봉안
증명 : 묘원 보체
양공 : 해천 보체, 덕련 보체
시주 : 최정술 보체
시주 : 전기만 보체, 이갑돌이 양주 보체, 안정택 양주 보체
별좌 : 국현 보체
화주 : 회백 보체
공양주 : 인성 보체

3 絹本彩色, 109×50.5㎝, 양산 통도사 소장.

4. 영산전 영산회상도(1841년, 평창 월정사 소장)[4]

道光二十一年
辛丑五月初六日
落成于江原道
嶺東蔚珍縣西
嶺天竺山佛影寺
奉安于本寺
靈山殿
　緣化〇
證明　繼虛〇性全
誦呪　蓮波堂寬訓
　　　頭陀永哲
金
魚片手比丘　奉欣
　　　比丘　取朋
　　　比丘　仁侃
　　　比丘　智抱
　　　比丘　應祥
供養主比丘　太守
　　　　　　德信
奉齋比丘　永添
　　比丘　閏哲
　　比丘　景學

4　綿本紅地銀線, 180×267㎝, 평창 월정사 소장

瑞添
鍾頭比丘 斗安
沙弥 智弘
化主 喚月堂碧訓
都監 松坡堂宗玉
大都 嘉善 桂活
別座 太花堂大獜
淨桶比丘 亘和
負木 金成昌
山中秩
大德 月波堂忠彦
喚月堂碧訓
松坡堂宗玉
太花堂大獜
○○○○○
比丘 頭○
○○
○○
○○
性○
太○
○○
景學
太監
亘和
智演
太守

海寬
有宗
均玄
德信
賛○
太淳
聖益
智弘
賛默
瓦淑
妙順
正國
童子 興福
胡玉
祿伊
學允
朱浩

持殿
月波堂忠彦
太花堂大獜
三綱
僧統 桂活
首僧 致雲
書記 玧哲
施主秩
月波堂忠彦

幼學 史宬
裵錫仲
張元極
丁未生鄭氏
裵道益
張喆模
張大福
林正安
梁舜道
李漢元
尹光福

도광21년 신축 5월 6일 낙성한 강원도 영동 울진현 서령 천축산 불영사 영산전에 봉안하였다.

〈연화질〉
증명 : 계허당 성전
송주 : 연파당 관훈, 두타 영철
금어편수 : 비구 봉흔, 비구 취붕, 비구 인간, 비구 지포, 비구 응상
공양주 : 비구 태수, 덕신
봉재 : 비구 영첨, 비구 윤철, 비구 경학, 서첨
종두 : 비구 두안, 사미 지홍
화주 : 환월당 벽훈
도감 : 송파당 종옥
대도 : 가선 계활
별좌 : 태화당 대린
정통 : 비구 긍화

부목 : 김성창

〈산중질〉

대덕 : 월파당 충언, 환월당 벽훈, 송파당 종옥, 태화당 대린, ○○○○○, 비구 두○, ○○, ○○, ○○, 성○, 태○, ○○, 경학, 태감, 선화, 지연, 태수, 해관, 유종, 균현, 덕신, 찬○, 태순, 성익, 지홍, 찬묵, 선숙, 묘순, 정국,

동자 : 흥복, 호옥, 녹이, 학윤, 주호

지전 : 월파당 충언, 태화당 대린

삼강

승통 : 계활

수승 : 치운

서기 : 윤철

〈시주질〉

월파당 충언, 유학 사성, 배양중, 장원극, 정미생 정씨, 배도익, 장철모, 장대복, 임정안, 양순도, 이한원, 윤광복

【腹藏發願文】

謹按寺蹟應眞殿刱在古之丁丑也壬辰島夷之乱混寺燒䙯而惟
靈山殿巋然存此皆入乞中神妙之靈驗也稽古年数則不過二百六十載矣
噫物之將興因時旺而成有物之將廢因時衰而壞無建立掃蕩之理宗不可
以誠難測也玆殿刱在累劫幀像蕭條無以補缺矣時值辛丑本寺喚月碧訓
法師慨然其意鳩聚四面升斗粒米貫緡分錢營作佛事三世如來後幀一軸十六
聖众四位使者又以三陟明寂寺彌陁二尊本寺靑蓮庵觀音一位後幀一軸神众

一軸 義湘祖師尊像同時塗粉重修瞬目新開楊眉復光其時證明誦
法v是禪門之解虎緣化畵師都作靈鷲之善使化主別座宿世般若
之熏習秉法梵音當作梵天之福田六味助緣永出世之決路十方同參深入
一乘之爲隣經云二童子爪甲上畵佛形像身後忉利之樂一女子
盆廚中得錢施之永作公主之貴況今此結緣施主現世無憂之閑士當來有
命之達人伏願告功之後八方妖氣遠去屛迹四衆佛子速臻福慶朝焚
夕黙永亨千秋之恒昇夙興夜咸垂萬歲之長昌
道光二十一年辛丑五月日江原道嶺東蔚珍縣西嶺天竺山佛影寺靈山後佛幀
奉安願文

緣化秩
證明 繼虛堂性全
誦呪 蓮波堂寬訓
頭陀永哲
金魚比丘 奉欣
取朋
仁侃
智抱
應祥
供養主比丘 太守
德信
奉齋 桂月堂永添
閏哲
景學
瑞添
鍾頭比丘 斗安
智弘

化主 喚月堂碧訓
都監 松坡堂宗玉
大都 嘉善 桂活
別座 太花堂大獜
淨桶比丘 亘和
負木 金成昌
施主秩
月波堂忠彦
史宬
裵錫仲
張元極
丁未生鄭氏
裵道益
張喆模
張大福
林正安
梁舜道
李漢元
尹光福

[복장 발원문]

삼가 사적을 살펴보니, 응진전은 옛날 정축년에 창건되었다. 임진년에 섬 오랑캐들이 침략하여 전쟁통에 사찰이 전소되었는데, 오직 영산전만 우뚝하게 남았다. 이 모두 부처님과 아라한들의 선정에 든 신묘한 영험이다.

옛일의 연수를 헤아려보니, 불과 260년이다. 아! 그 사물이 장차 흥할 인연이 되면 완성되고, 그 사물이 장차 없어질 인연이 되면 쇠퇴하여 무너져 없어진다. 건립한 것을 모조리 휩쓸어 버리는 이치는 참으로 헤아리기 어려운 일이다. 이 전각의 창건이 오래되어 탱화의 상이 매우 쓸쓸하도록 파손된 것을 보수할 수가 없었다. 당시 신축년에 본사의 환월 벽훈 법사께서 슬퍼하는 마음으로 동서남북으로 재물과 쌀을 한 되, 한 말을 모은 것을 돈으로 바꿔 불사를 경영하였다.

삼세 여래 후불탱 1축, 16 성중과 4위 사자를 조성하고, 또 삼척 명적사 아미타 2 존, 본사 청련암 관음 1위, 후불탱 1축, 신중탱 1축, 의상조사 존상과 동시에 도분 중수하며, 눈 깜짝할 사이 새롭게 눈썹과 눈을 다시 그려 빛이 났다. 그때 증명하고 송주한 법사가 우리 선문의 호랑이임을 알 것이다. 연화, 화사, 도작도 영취산의 훌륭한 사람들이고, 화주, 별좌도 과거 생에 반야를 훈습한 이들이다. 병법, 범패도 당시 범천의 복전을 지었다. 육미[5]와 도운 인연들도 승려의 길이 즐거울 것이다. 시방의 동참자들은 깊이 일승의 세계에 들어갈 것이다. 경에 이르기를 "동자 둘이 손톱 위에 부처의 형상을 그린 후에 도리천의 낙을 받았고, 한 여자는 부엌의 항아리에 있던 돈을 시주하고 영원히 공주의 신분이 되었다." 하물며 지금이 인연을 맺고 시주한 인연으로 현세에는 근심이 없는 한가한 선비가 되고, 다음 생에는 깨달은 사람의 운명으로 태어날 것이다.

엎드려 발원하고 공덕을 고한 후에는 8방의 요사한 기운이 멀리 사라지고, 사부대중의 불자들은 복된 경사가 연속하여 생기고, 아침에 분향하고 저녁에 선정에 들어 영원히 만년토록 항상 누리고, 극락에 오르기는 밤이 가기 전에 속히 오르고, 모두 다 만세에 길이 창성함을 누리소서.

도광 21년 신축 5월 일.

강원도 영동 울진현 서령 천축산 불영사 영산전 후불탱화 봉안 발원문

5 六味는 안이비설신의로 직접 경험하는 것으로 여기에는 행사에 필요한 일체의 꽃장식, 음식, 장식 등을 전체적 의미를 포함한 뜻이다.

증명 : 계허당 성전

송주 : 연파당 관훈, 두타 영철

금어비구 : 봉흔, 취붕, 인간, 지포, 응상

공양주비구 : 태수, 덕신

봉재 : 계월당 영첨, 윤철, 경학, 서첨

종두비구 : 두안, 지홍

화주 : 환월당 벽훈

도감 : 송파당 종옥

대도 : 가선 계활

별좌 : 태화당 대린

정통비구 : 긍화

부목 : 김성창

〈시주질〉

월파당 충언, 사성, 배양중, 장원극, 정미생정씨, 배도익, 장철모, 장대복, 임정안, 양순도, 이한원, 윤광복

5. 신중도(1860년)[6]

咸豊十年庚申
六月初十日江原
道嶺東蔚珎縣
天竺山佛寺[7]神
衆幀新畵成
奉安仍于
　緣化秩
證明 混虛智照
誦呪 松波宗玉
　　華月斗誾
　　比丘 幻淨
　　比丘 桂活
金魚 意雲慈友
　　比丘 善儀
片手 比丘 瓘幸
　　比丘 暢爲
　　比丘 暢敎
鍾頭 比丘 道活
供養主比丘 斗沾
　　　比丘 有察
化主 幻月碧訓
　　鶴松奉欣

6 絹本彩色, 215×223.4㎝, 불영사 대웅보전 소장.
7 佛影寺의 誤記이다.

都監 比丘 桂活
別座 比丘 性還
淨桶 比丘 德律
　三綱
僧統 比丘 性益
書記 道元
三補 就文

　山中秩
幻月比丘 碧訓
松波比丘 宗玉
華月比丘 斗誾
老德比丘 幻淨
嘉善比丘 桂活
持殿比丘 淨郁
持殿比丘 性還
　　比丘 致雲
　　比丘 太守
　　比丘 智演
　　比丘 處仲
　　比丘 性益
　　比丘 道活
　　比丘 碩贊
　　比丘 道元
　　比丘 有察
　　比丘 幸賢
　　比丘 有逸

沙彌 妙性

就文

德律

德允

幸仁

善奇

碩敏

宇淨

命箕

童子 學祐

都致

漢起

信根

箕元

宗根

負木 李得孫

李性云

史興得

施主秩

嘉善 桂活

比丘 性益

比丘 智演

奉母戊申

生黃氏

引勸處仲

李學龍

金萬得
朴龍雲
盧楊達

함풍10년 경신 6월 10일.

강원도 영동 울진현 천축산 불영사에 신중탱화를 새로 그려서 봉안하였다.

〈연화질〉
증명 : 혼허 지조
송주 : 송파 종옥, 화월 두은, 비구 환정, 비구 계활
금어 : 의운 자우, 비구 선의
편수 : 비구 관행, 비구 창위, 비구 창교
종두 : 비구 도활
공양주 : 비구 두첨, 비구 유찰
화주 : 환월 벽훈, 학송 봉흔
도감 : 비구 계활
별좌 : 비구 성환
정통 : 비구 덕율
삼강
승통 : 비구 성익
서기 : 도원
삼보 : 취문

〈산중질〉
대덕 : 환월 비구 벽훈, 송파 비구 종옥, 화월 비구 두은, 노덕 비구 환정,

가선비구 계활

지전 : 비구 정욱

지전 : 비구 성환, 비구 치운, 비구 태수, 비구 지연, 비구 처중, 비구 성익, 비구 도활, 비구 석찬, 비구 도원, 비구 유찰, 비구 행현, 비구 유일

사미 : 묘성, 취문, 덕률, 덕윤, 행인, 선기, 석민, 우정, 명기

동자 : 학우, 도치, 한기, 신근, 기원, 종근

부목 : 이득손, 이성운, 사흥득

〈시주질〉

가선 계활, 비구 성익, 비구 지연, 봉모 무신생 황씨

인권 : 처중, 이학룡, 김만득, 박용운, 노양달

6. 관음보살도(1880년)[8]

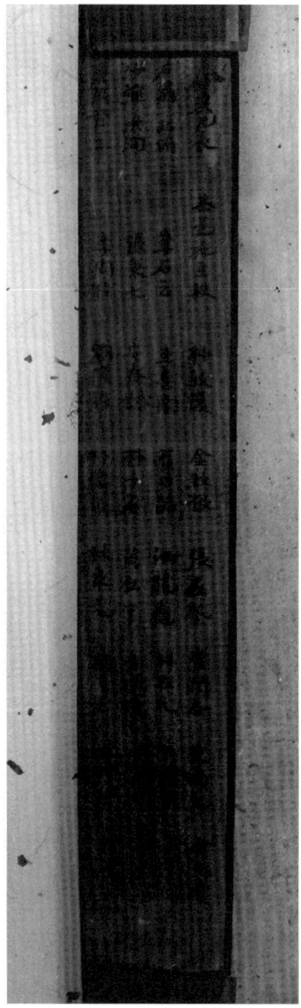

金魚片長
石翁喆侑
沙彌 洪洵
庚辰五月日
本邑施主秩
李石云
張秉七
李周睦
朴致復
李喜南
安泰爀
劉漢祚
金致根
崔日喆
朴千石
朴德根
張左塾
池龍龜
黃在守
林良元
崔潤泰
林在元

8 綿本彩色, 145×187.5㎝, 불영사 황화실 소장.

崔潤植
趙宗云
李順九
尹德伊
呂周用
史坤伊
金史壹
金學魯
金龍伯
張性學

금어편장 : 석옹 철유, 사미 홍순
경진 5월일

본읍 시주질 : 이석운, 장병칠, 이주목, 박치복, 이희남, 안태혁, 유한조, 김치근, 최일철, 박천석, 박덕근, 장좌숙, 지용구, 황재수, 임양원, 최윤태, 임재원, 최윤식, 조종운, 이순구, 윤덕이, 여주용, 사곤이, 김사일, 김학노, 김용백, 장성학

7. 지장보살도(1880년)[9]

향우)

緣化秩

證明 幻鏡宇仁

誦呪 牧羊世眼

碩讚

金魚 西峯應淳

萬波之濯

片手 華山在根

片手 石翁喆侑

比丘 奉秀法辰

泰正 仁

奉岸應祥

能浩 尙文

曠曄 洪洵

普景 慶雲

鍾頭 載淳

供養主 惠文 知洪

淨桶 戒玹

負木檀越 許貞

都監比丘 有察

別座 在軒

化主 碩讚

9 1880년, 면, 258×273㎝, 1폭, 불영사 명부전 소장.

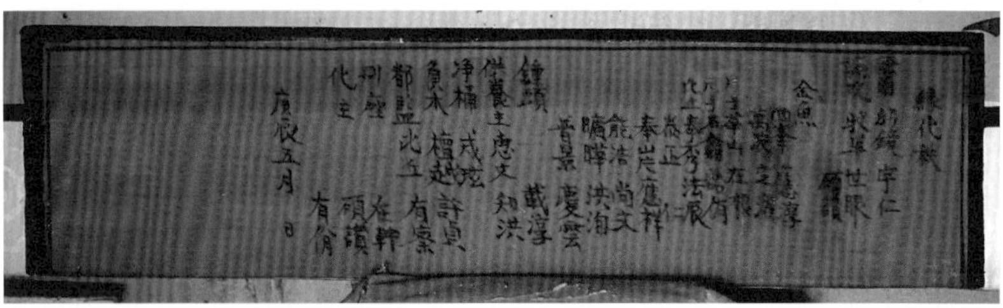

향우

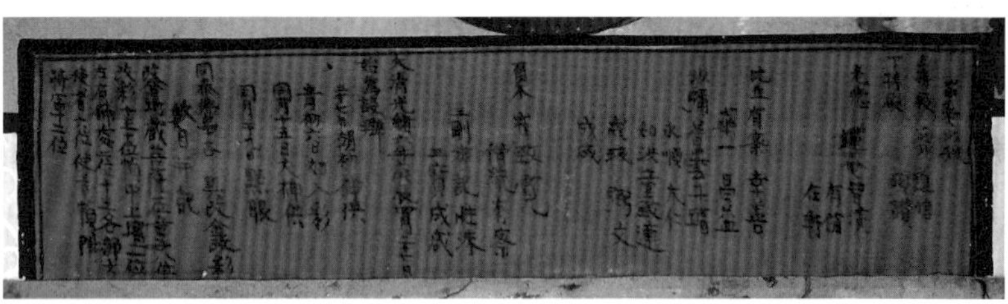

향좌

有佾

庚辰五月 日

향좌)

山中老少秩

上持殿 海月 道信

下持殿 碩讚

老德 蓮菴 智演

有佾

在軒

比丘 有察 幸善

華一 昌益

沙彌 普曇 斗璿

永順 大仁

知洪 童致蓮

戒玹 弼文

成咸

負木 崔致寬

僧統 有察

三綱 書記 性洙

三寶 成咸

大淸光緖六年庚辰四月二十七日

始爲設辦

二十七日朝初神供

五月初六日初入彩

同月十五日大神供

同月二十九日點眼

同參佛事各與改金改彩
　　数目并記
改金地藏菩薩一位童子八位
改彩十王十位幀中上壇一位
左右補處二位十王各部六
使者六位使者幀附
將軍二位

〈연화질〉
증명 : 환경 우인
송주 : 목양 세안, 석찬
금어 : 서봉 응순, 만파 정탁
편수 : 화산 재근
편수 : 석옹 철유, 비구 봉수 법진, 태정 인, 봉안 응상, 능호, 광엽, 보경, 상문, 홍순, 경운
종두 : 재순
공양주 : 혜문 지홍
정통 : 계현
부목 : 단월 허정
도감 : 비구 유찰
별좌 : 재헌
화주 : 석찬, 유일
경진 5월 일

〈산중노소질〉
상지전 : 해월 도신
하지전 : 석찬

노덕 : 연암 지연, 유일, 재헌
비구 : 유찰, 화일, 행선, 창익
사미 : 보담, 영순, 지홍, 계현, 두선, 성함, 대인
동자 : 치련, 필문, 성함
부목 : 최치관
삼강
승통 : 유찰
서기 : 성수
삼보 : 성함

대청 광서 6년 경진 4월 27일. 설판을 시작하다.
27일 새벽에 신공을 드리고, 5월 6일에 처음 채색에 들어가고,
15일에 대신공을 드리고, 29일에 점안하였다.

불사에 동참한 각각과 개금과 개채한 수목을 병기한다.
개금 : 지장보살 1위, 동자 8위
개채 : 시왕 10위, 탱화 중 상단 1위, 좌우보처 2위, 시왕 각부 6사자 6위, 사자탱부, 장군 2위

8. 시왕도(1880년)

1) 제1 진광대왕도[10]

향우)

金魚片長

萬波定濯

比丘 普景

　　法辰

施主秩

慶尙右道昌原府

各面各洞居住

乾命 鄭在命

　　辛斗七

坤命 己丑生 孔氏

　　壬辰生 黃氏

　　癸巳生 金氏

　　甲申生 金氏

　　戊戌生 徐氏

　　乙巳生 盧氏

　　癸巳生 孫氏

　　戊戌生 金氏

　　乙酉生 盧氏

　　癸卯生 朴氏

　　庚寅生 金氏

　　癸未生 金氏

10 면, 258×273㎝, 1폭, 불영사 성보관 소장.

　　庚戌生 金氏
　　癸卯生 成氏
　　癸未生 金氏
　　甲午生 裵氏
　　丙戌生 黃氏
　　　　　辛氏
光緖六年庚辰五
月　日

향좌)
 山人施主秩
境內大興寺山中
老雲 一允
比丘 幻英
　　 仁說
　　 文彦
　　 惠哲
　　 瀗祭
　　 瀗演
　　 智弘
　　 性律
　　 性洽
　　 有天
三陟靈隱寺
仁谷巨允
蓮潭性順
比丘 定慧

德旻
敬訓
守仁
補彦
敬察
有信
斗昕
斗侑
敬珠
敬律
敬眞

향우)
금어편장 : 만파 정탁, 비구 보경, 법진
시주질 : 경상우도 창원부 각면 각동 거주
건명 정재명, 신두칠, 곤명 기축생 공씨, 임진생 황씨, 계사생 김씨, 갑신생 김씨, 무술생 서씨, 을사생 노씨, 계사생 손씨, 무술생 김씨, 을유생 노씨, 계묘생 박씨, 경인생 김씨, 계미생 김씨, 경술생 김씨, 계묘생 성씨, 계미생 김씨, 갑오생 배씨, 병술생 황씨, 신씨
광서 6년 경진 5월 일

향좌)
산인시주질
경내 대흥사 산중 : 노운 일윤, 비구 환영, 인열, 문언, 혜철, 혜제, 혜연, 지홍, 성률, 성협, 유천
삼척 영은사 : 인곡 거윤, 연담 성순, 비구 정혜, 덕민, 경훈, 수인, 보언, 경찰, 유신, 두흔, 두유, 경주, 경률, 경진

2) 제3 송제대왕도

향우)

三陟新〇寺山中

蓮湖 性華

虎隱 智悟

比丘 仁察

普演

敬學

黑岳山

德月 戒願

性訓

三和寺山中

錦松 善金

華雲 德秋

義菴 就善

薛山 亘照

比丘 誼鏡

性祺

泰燁

永〇

性憲

引勸大施主

京畿居住

坤命淸信女癸未生

金氏妙壽心保體
往生極樂之大願

향좌)

　山人施主秩
平海廣興寺山中
日峯 體說
仁岳 抱彥
德菴 德添
龍潭 天旿
元潭 尙俊
比丘 德儹
　　 義察
　　 正信
　　 正眼

慶尙道金海
長遊菴房中
鏡月 智安
雲坡 善榮
鏡湖 善〇
聾醒 普演
比丘 寅燁
　　 斗憲
張斗赫
金有瀅

향우)

삼척 신◯사 산중 : 연호 성화, 호은 지오, 비구 인찰, 보연, 경학

흑악산 : 덕월 계원, 성훈

삼화사 산중 : 금송 선금, 화운 덕추, 의암 취선, 벽산 긍조, 비구 의경, 성기, 태엽, 영◯, 성헌

인권대시주 : 경기 거주 곤명청신녀계미생 김씨묘수심 보체

극락에 가기를 원합니다. (往生極樂之大願)

향좌)

산인시주질

평해 광흥사 산중 : 일봉 체설, 인악 포언, 덕암 덕첨, 용담 천오, 원담 상준, 비구 덕찬, 의찰, 정신, 정안

경상도 김해 장유암 방중 : 경월 지안, 운파 선영, 경호 선◯, 농성 보연, 비구 인엽, 두헌, 장두혁, 김유영

3) 제4 오관대왕도

향우)

本邑施主秩

張夏塾

張秉韶

張晩述

張祖甲

朱秉柱

金澤均

林鳳觀

張在河

趙浔龍

張在瀛

李秼

張秉瓚

林鳳軒

李在柄

林柱昊

張軫浩

朴■■

兪■■

朴仁出

金永振

향좌)

本邑施主秩

朴萬大

房駟昊

崔景南

林熙濤

申在奎

張說述

趙元伊

李光弼

金奎豊

李弼植

朴允一

朱元壽

洪在麟

金大仁
南鼎年
林基杓
金虎英
朴達成
黃龍會
張壽吉
李富春
張明瑞
金秉鉉
黃順根

본읍시주질 : 장하숙, 장병소, 장만술, 장조갑, 주병주, 김택균, 임봉관, 장재하, 조득룡, 장재영, 이주, 장병찬, 임봉헌, 이재병, 임주호, 장진호, 박■■, 유■■, 박인출, 김영진

본읍시주질 : 박만대, 방사호, 최경남, 임희도, 신재규, 장설술, 조원이, 이광필, 김규풍, 이필식, 박윤일, 주원수, 홍재린, 김대인, 남정년, 임기표, 김호영, 박달성, 황용회, 장수길, 이부춘, 장명서, 김병현, 황순근

4) 제5 염라대왕도

향우)
山人施主秩
通度寺山中
象湖 會瓘
晦谷 和逸
虎惺 奭鍾

象峰 日文
海嶺 圓誠
震菴 晟願
慶松 斗洪
五聲 右竺
瑞潭 取佑
表忠祠山中
月坡 天有
禮雲 祐禎
石庵 斗極
報德寺山中
慧菴 宇乞
就山 大彦
德松 敬訔
比丘 行○
比丘 快仁
寶鏡寺山中
蓮潭
比丘 策俊
比丘 性禧
梵魚寺山中
海山 性祐

향좌)
蔚山府居住
朴天翁
李庚淵

朴文憲
　南憲
宋南喆
朴宗殷
朴夢致
妓錦紅
　錦花
　鏡洙

향우)
산인시주질
통도사 산중 : 상호 회관, 회곡 파일, 호성 석종, 상봉 일문, 해령 원성, 진암 성원, 경송 두홍, 오성 우축, 서담 취우
표충사 산중 : 월파 천유, 예운 우정, 석암 두극,
보덕사 산중 : 혜암 우정, 취산 대언, 덕송 경은, 비구 행○, 비구 쾌인
보경사 산중 : 연담, 비구 책준, 비구 성희
범어사 산중 : 해산 성우

향좌)
울산부 거주 박천웅, 이경연, 박문헌, 남헌, 송남철, 박종은, 박몽치, 기녀 금홍, 금화, 경수

5) 제6 변성대왕도

향우)
比丘 能昊
比丘 奉安
比丘 應祥

光緖六年庚辰五月　日
朴崙成
朴祥順
金固〇金
洪在英
朴大元
庚辰生金氏
子 朴有成
崔成郁
姜鍾成
南成〇
申和雲
鄭錫祚
李〇錫
都千年
朴仁源

향좌)
　施主秩
己卯生 宋〇〇
丁丑生 金氏
姜益壽

出家子
　〇
亡父丁巳〇〇
亡母庚〇〇〇

亡姊母乙○○○
兩位 靈駕

향우)
비구 능호, 비구 봉안, 비구 응상

광서 6년 경진 5월 일

박륜성, 박상순, 김고○금, 홍재영, 박대원, 경진생 김씨, 자 박유성, 최성욱, 강종성, 남성○, 신화운, 정석조, 이○석, 도천년, 박인원

향좌)
시주질 : 기묘생 송○○, 정축생 김씨, 강익수, 출가자 ○, 망부 정사 ○○, 망모 경○○○, 망자모을○○○ 양위 영가

6) 제7 태산대왕도

향우)
金魚 片長
華山 在根
比丘 曠曄
沙彌 尙文

施主秩
彦陽邑居住
吳璋善
金潤坤
金始坤

子永國
子永愚
子永斗
金裕鎰
鄭重彦
妓雲陽

光緖六年庚辰五月
日

향좌)
山人施主秩
三角山華溪寺山中
楓巖 充煥
梵雲 就堅
影溟 一舟
衛運 鉛濬
東湖 泰岸
蓮華 普景
華山 在根
桂菴 景悟
比丘 永淳
興國寺山中
南溟 海紋
北漢山中
比丘 西○
比丘 徹虛

比丘 龍潭
比丘 竟虛
大圓菴房中
秋淡 道慧
〇〇菴房中
幻翁

향우)
금어편장 : 화산재근, 비구 광엽, 사미 상문
시주질 : 언양읍 거주 오장선, 김윤곤, 김시곤, 자 영국, 자 영우, 자 영두, 김유일, 정중언, 기녀 운양
광서 6년 경진 5월 일

향좌)
산인시주질
삼각산 화계사 산중 : 풍암 충환, 범운 취견, 영명 일주, 위운 연예, 동호 태안, 연화 보경, 화산 재근, 계암 경오, 비구 영순
흥국사 산중 : 남명 해문
북한 산중 : 비구 서〇, 비구 철허, 비구 용담, 비구 경허
대원암 방중 : 추담 도혜
〇〇암 방중 : 환옹

7) 제8 평등대왕도

향우)
施主秩
丁未生 金載衡
統營居住

妓 華仙

妓 鳳玉

妓 小 柳玉

妓 鳳姫

妓 秋月

姜時乭

金斗一

향좌)

出家子 能昊

伏爲

亡父 李氏

亡母 全州崔

兩位 靈駕

○海居

鄭○

金億福

黃錫○

孫世彬

黃中○

黃之海

丁亥生 朱

향우)

시주질 : 정미생 김재형, 통영 거주 기녀 화선, 기녀 봉옥, 기녀 작은

류옥, 기녀 봉희, 기녀 추월, 강시돌, 김두일

향좌)

출가자 능호가 엎드려 비나이다. 망부 이씨와 망모 전주 최씨 양위 영가 ○해 거주하는 정○, 김억복, 황석○, 손세빈, 황중○, 황지해, 정해생 주씨

8) 제9 도시대왕도

향우)

金魚片長

比丘 華山 在根

比丘 泰正

比丘 曠曄

沙彌 尙文

施主秩

慶尙道安東春

陽面居住

童蒙乙卯生

徐載龍

大丘居住

五衛將徐善禹

幼學鄭止澤

寅源

徐貴根

李善道

達俊

光緖六年庚辰
五月十六日入彩
二十四畢彩

향좌)
施主秩
京畿道居住
乾命庚申生閔氏
丁巳生崔氏
甲子生朴虎龍
甲申生尹氏
尙宮辛巳生金氏
庚辰生金氏
乾命辛卯生洪尺雲
癸丑生金善浩
丁丑生李永祥
甲子生朴氏
戊寅生張氏
甲申生金氏
癸酉生金氏
戊申生尹氏
己酉生閔氏
壬辰生朴氏
甲子生朴氏
坤命乙未生趙氏
乙未生李氏
甲寅生羅氏

壬申生金氏

壬辰生韓氏

戊寅生張氏

丙子生元氏

乙巳生吳氏

壬午生朴氏

庚午生尹氏

향좌)

금어편장 : 비구 화산 재근, 비구 태정, 비구 광엽, 사미 상문

시주질

경상도 안동 춘양면 거주 동몽 을묘생 서재룡

대구 거주 오위장 서선우, 유학 정지택, 인원, 서귀근, 이선도, 달준

광서 6년 경진 5월 16일 입채 24일 필채

향우)

시주질 : 경기도 거주 건명 경신생 민씨, 정사생 최씨, 갑자생 박호룡, 갑신생 윤씨, 상궁 신사생 김씨, 경진생 김씨, 건명 신묘생 홍척운, 계축생 김선호, 정축생 이영상, 갑자생 박씨, 무인생 장씨, 갑신생 김씨, 계유생 김씨, 무신생 윤씨, 기유생 민씨, 임진생 박씨, 갑자생 박씨, 곤명 을미생 조씨, 을미생 이씨, 갑인생 나씨, 임신생 김씨, 임진생 한씨, 무인생 장씨, 병자생 원씨, 을사생 오씨, 임오생 박씨, 경오생 윤씨

9. 신중도(1880년)[11]

金魚片長
萬波芝濯
施主秩
金仁性
洪秉洙

光緖六年庚辰
五月日
施主秩
林基○
張伯遠
張壽吉
林益允

금어편장 : 만파 정탁
시주질 : 김인성, 홍병수
광서6년 경진 5월 일

시주질 : 임기○, 장백원, 장수길, 임익윤

11 綿本彩色, 122.5×113㎝, 불영사 성보관 소장.

10. 산신도 복장 원문(1880년)

光緖六年庚辰五月日 海東朝鮮國江原道 蔚珍縣西嶺天竺山佛影寺 山神幀新畵成 願文 伏願以此勝功德 奉爲

主上殿下 聖壽萬歲 王妃殿下 聖壽齊年

世子邸下 聖壽千秋

天下太平法輪轉

萬民咸樂周百年

五月初六日 神供

十五日 大神供

晦日點眼 回向

證明 幻鏡宇仁

誦呪 牧羊世眼

金魚 西峯應淳

華山在眼[12]

石翁喆侑

持殿 海月道信

都監 有察

化主 有佾

別座 在軒

正覺之願

極樂俱成

諸含靈往生

兼及法界有

---

12 華山在根의 誤記이다.

與結緣同參人

等 時會大衆

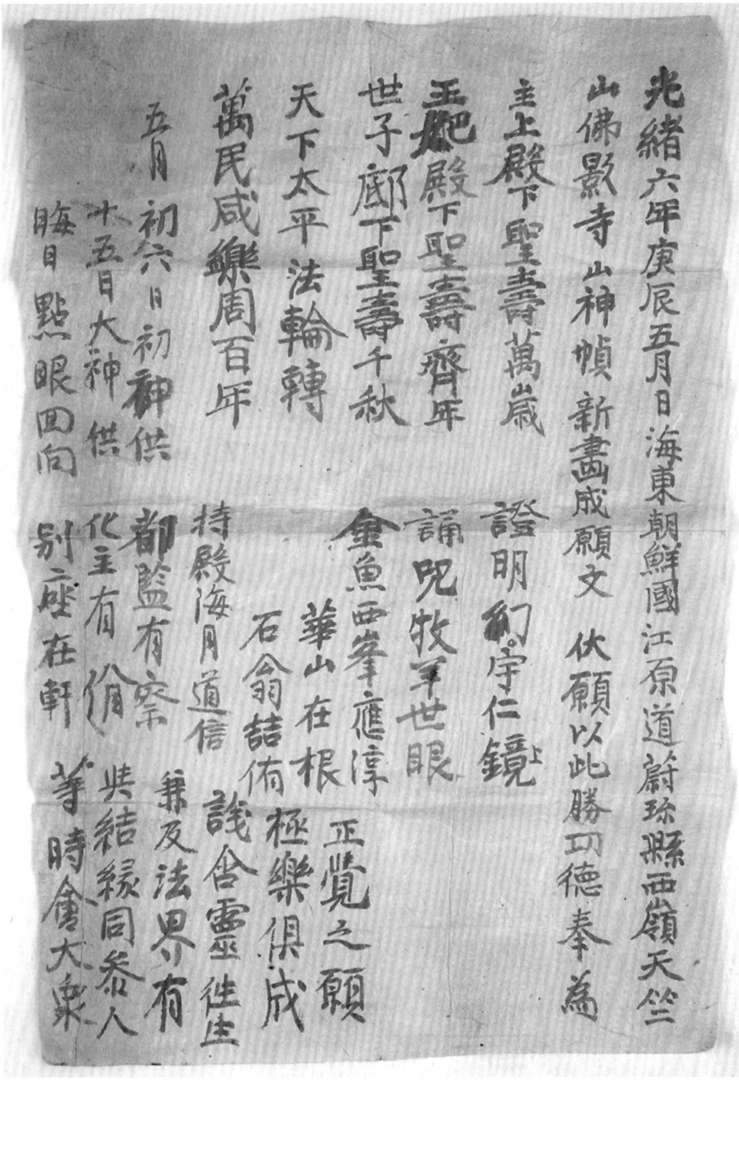
光緒六年庚辰五月日海東朝鮮國江原道蔚珍縣西嶺天竺
山佛影寺山神幀新畫成願文 伏願以此勝功德奉爲
主上殿下聖壽萬歲
王妃殿下聖壽齊年
世子邸下聖壽千秋
天下太平法輪轉
萬民咸樂周百年
五月初六日初神供
十五日大神供
晦日點眼回向
證明 約守仁鏡
誦呪 牧羊世眼
金魚 西峯應淳
華山在根 正覺之願
石翁喆侑 極樂俱成
持殿海月道信 識含靈往生
都監有察 兼及法界有
化主有侑 共結緣同參人
別座在軒 等時會大衆

산신도 복장 발원문

광서光緖 6년(1880) 경진 5월 일에 해동 조선국 강원도 울진현 서쪽 천축산 불영사의 산신탱화가 새롭게 완성되었을 때 지은 발원문

삼가 바라건대, 이 빼어난 공덕으로 주상전하의 성수만세, 왕비전하의 성수제년, 세자저하의 성수천추, 천하가 태평하고 법륜이 계속 이어지고, 만민이 모두 즐겁게 백 년을 살기를 발원합니다.

5월 6일 신공神供
15일 대신공
그믐날 점안點眼하고 회향하다.

증명 : 환우 인경
송주 : 목양 세안
금어 : 서봉 응순, 화산 재근, 석옹 철유
지전 : 해월 도신
도감 : 유찰
화주 : 유일
별좌 : 재헌

정각正覺의 소원이 극락에서 함께 이루어지소서.
좋은 일을 한 영혼과 더불어
법계와 인연을 맺고 동참한 사람들과
같이 있던 대중들도 모두 왕생하소서.

11. 독성도(1880)[13]

造成金魚
石翁喆侑
比丘奉守
沙彌洪洵
慶雲
施主秩
慶尚道昌原
金斗龍
朴長辰
光緒六年庚
辰五月初六
日入彩二十
四日畢彩

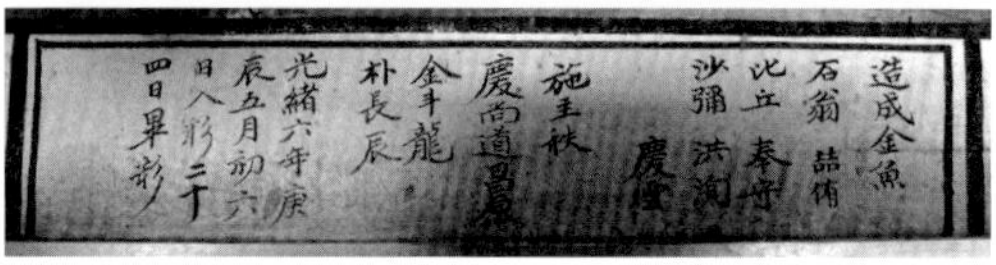

조성한 금어 : 석옹 철유, 비구 봉수, 사미 홍순, 경운
시주질 : 경상도 창원의 김두룡, 박장진
광서6년 경진 5월 6일 그림을 시작하여 24일 마쳤다.

13 綿本彩色, 102×89.5㎝, 불영사 성보관 소장.

12. 아미타회상도(1906년)[14]

大韓○○○道蔚○○
天竺山佛影寺
光武十年丙午八月既望
爲始成終于十月初三日靈山
殿聖像合二十三位改○○○
後佛幀一軸新畵成奉安于
灵山殿彌陀像一位觀音像二
位獨聖像二位新造成改粉入
彩七星幀一軸八部幀○新
畵成同時奉安于各法堂義
湘祖師改粉入彩同時奉安于
祖師殿

緣化秩
證明比丘 暐月有一
比丘 水月音觀
比丘 永明慧日
誦呪比丘 白牛在修
比丘 無染奉葉
比丘 法元
持殿比丘 正悟
應和

---

14 綿本彩色, 106.5×91㎝, 불영사 성보관 소장.

金魚比丘 大愚敬演
比丘 鳳麟
出草片手比丘 明照
比丘 德玄
供司比丘 圓照
尙照
奉茶比丘 圓白
鐘頭比丘 德三
淨桶比丘 月柱
六色掌 尙文
斗煥
德進
應照
光明 朴完凡
地排 朴後始
別座比丘 寶徽
比丘 智明
都監比丘 海城性咸
比丘 斗元
化主比丘 雪芸奉忍

本寺秩施主
皥月比丘有一
雪芸比丘奉忍
水月比丘音觀
乳化比丘普安
永明比丘慧日

白牛比丘在修

海城比丘性咸

應山比丘啓林

翠松比丘道彦

東明比丘法岸

紫霞比丘錦添

東溟比丘有佾

廓溟比丘啓宗

比丘 碩泉

比丘 斗元

比丘 斗煥

尙明

香林

尙法

德天

完悟

廣念

施主秩

比丘 寶儀 淸信女張氏

比丘 富贊 淸信女徐氏

比丘 智永 坤命崔氏

比丘 錦善 坤命李氏

比丘 萬淳 坤命金氏

比丘 大○ 乾命張○○

比丘 孝悅 乾命張○○

比丘 意悅 乾命○○○

比丘 寧憲 乾命李○○

比丘 允學　　乾命〇〇〇
比丘 性湖　　乾命〇〇〇
比丘 香肇　　乾命〇〇〇
比丘 性玟　　乾命李〇〇
比丘 昇日　　乾命南容〇
比丘 善明　　乾〇〇〇〇
比丘 順連　　乾命張華〇
比丘 奉奐　　乾命金〇〇
尙宮金氏　　乾命張〇〇
尙宮張氏　　乾命〇〇〇
尙宮林氏　　乾命〇〇〇
尙宮〇氏　　乾命張〇〇
尙宮李氏
尙宮郭氏
尙宮〇氏
尙宮崔氏
願以此功德 普及於一切
我等汝衆生 當生極〇〇
同見無量壽 皆共〇〇〇

대한국 강원도 울진군 천축산 천축산 불영사

광무10년 병오 8월 16일에 시작하였고, 완성하여 마친 것은 10월 3일이다.

영산전 성상 등 합하면 23위를 개금 불사하였고, 후불탱화 1축을 새로 조성하여 봉안하였다.

영산전 아미타상 1위, 관음상 2위, 독성상 2위를 새로 조성하여 개분하여 채색을 입혔다.
칠성탱 1축, 8부탱을 새로 조성한 동시에 각 법당에 봉안하였다.
의상조사상을 개분·채색하여 동시에 조사전에 봉안하였다.

연화질
증명 : 비구 호월 유일, 비구 수월 음관, 비구 영명 혜일
송주 : 비구 백우 재수, 비구 무염 봉엽, 비구 법원
지전 : 비구 정오, 응화
금어 : 비구 대우 경연, 비구 봉린
출초편수 : 비구 명조, 비구 덕현
공사 : 비구 원조, 상조
봉다 : 비구 원백
종두 : 비구 덕삼
정통 : 비구 월주
육색장 : 상문, 두환, 덕진, 응조
광명 : 박완범
지배 : 박후시
별좌 : 비구 보휘, 비구 지명
도감 : 비구 해성 성함, 비구 두원
화주 : 비구 설운 봉인

본사질 시주
호월비구 유일, 설운비구 봉인, 수월비구 음관, 유화비구 보안, 영명비구 혜일, 백우비구 재수, 해성비구 성함, 응산비구 계림, 취송비구 도언, 동명비구 법안, 자하비구 금첨, 동명비구 유일, 곽명비구 계종, 비구 석천, 비구 두원, 비구 두환, 상명, 향림, 상법, 덕천, 완오, 광념

시주질

비구 보의, 비구 부찬, 비구 지영, 비구 금선, 비구 만형, 비구 대○, 비구 효열, 비구 의열, 비구 영헌, 비구 윤학, 비구 성호, 비구 향조, 비구 성민, 비구 승일, 비구 선명, 비구 순련, 비구 봉환, 상궁 김씨, 상궁 장씨, 상궁 임씨, 상궁 ○씨, 상궁 이씨, 상궁 곽씨, 상궁 ○씨, 상궁 최씨, 청신녀 장씨, 청신녀 서씨, 곤명 최씨, 곤명 이씨, 곤명 김씨, 건명 장○○, 건명 장○○, 건명 ○○○, 건명 이○○, 건명 ○○○, 건명 ○○○, 건명 ○○○, 건명 이○○, 건명 남용○, 건○ ○○○, 건명 장화○, 건명 김○○, 건명 장○○, 건명 ○○○, 건명 ○○○, 건명 장○○

원하건대 이 공덕을 일체 법계에 회향하오니
나와 중생들이 생전에 극락에 왕생하여
모두 한량없는 수명을 얻어 다 같이 성불하소서.

13. 신중도(1906년)[15]

향우)

江原道蔚珎郡天竺山佛影寺神將幀新造成奉安于本寺

金魚比丘 大愚堂敬演

比丘 鳳麟

比丘 明照

향좌)

丙午小春初三日 奉安也

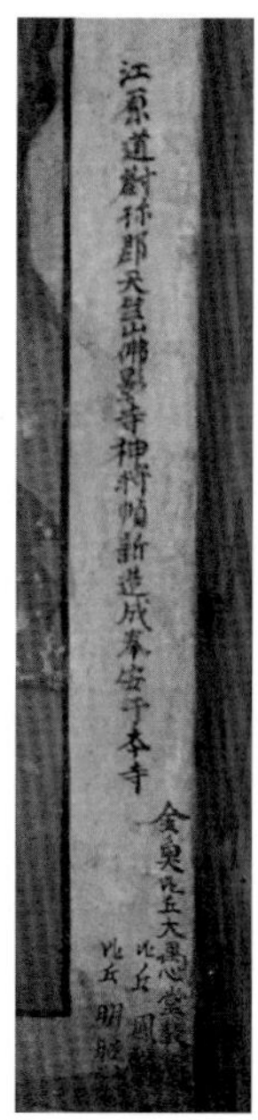

15 綿本彩色, 106.5×91㎝, 불영사 성보관 소장.

강원도 울진군 천축산 불영사 신중탱화를 새로 조성하여 본사에 봉안하였다.

금어 : 비구 대우당 경연, 비구 봉린, 비구 명조
병오 10월 3일 봉안하였다.

Ⅳ. 불교공예

1. 불연

1) 불연 I (1670년)[1]

佛影寺造輦記

伏以鳳輦者　修說法席之時　恒沙諸佛昇

坐來臨之宮殿也 豈徒然哉　而況鸞鳳辮

飛於畵欄之中　黃龍玄湧於青蓮之上　十二

眞金爲壁　七宝明珠爲戶　金絲蛾蝶之結　而

垂垂於四隅　團團明月之鏡　懸懸于前後　綉闥開

而雲影臨軒　瑱窓啓　而日月照宮　偉哉壯哉

赫赫乎也 世此物成之者阿誰耶　學宗禪德是也

戊申之秋　袖藏玉軸　而行至慶尙道蔚山府

也 風飄雲衲於萬落千村　而募緣積善之家　欲

成鴻功　而良工不遇　空負一歲也 己酉之春　忽遇良

工　而向入宜春北嶺圓寂山大乘庵　始成矣 未斷

功　而庚戌之春　以斷功　而結手也 可謂非人之所致　乃天

之所爲也。古云天運循環無往　不復誠。可謂此也　此非

積德能施者也 伏願造輦之後鬼神攸護龍天守　伏

三災五害絕歷　而入不六時　天樂繽紛　而自來重暉

佛日　再振禪風云

施主秩

慶尙道梁山地　供養布施主 朴守億　九月　兩主

---

1 나무, 127.5×290.0㎝, 불영사 성보관 소장.

蔚山地　供養施主 金春山 兩主　供養施主 李林

緣化秩 廣玄比丘　性悅比丘　德眞比丘 供養主
能簡比丘　己敏保体　化主學宗比丘
引勸大德　惠能大師比丘

己酉年爲始庚戌年四月畢造
康熙九年庚戌四月畢功

불영사 조연기

삼가 봉연鳳輦이라는 것은 법회를 열 때 수 많은 부처님이 궁전으로 타고 다니던 가마이다. 그러나 어찌 한갓 그러한 것이기만 하랴! 항차 난새와 봉황鸞鳳이 꿈틀대며 난간 중에 날아오르고, 황룡이 용솟음치며 청련靑蓮 위로 솟아오르며, 십이진금十二眞金으로 벽을 장식하고, 칠보 명주로 지붕을 얽고, 둥그런 명월과 같은 거울이 앞뒤로 걸려있으며, 수놓은 작은 문을 열면, 운영雲影이 누각에 내리고, 작은 보석으로 장식한 창을 열면, 일월이 궁전을 비추는 것 같음이라. 위대하고 장함이요, 찬연히 빛남이로다.

세상에 이 물건을 만든 자가 누구인가? 학종선덕學宗禪德이 바로 그분이다. 무신년 가을에 소매 속에 옥축玉軸을 갈무리하고 바람이 이끄는 대로 길을 떠나 경상도 울산 부에 도착하였다. 바람 따라 다니는 운수납자는 만 집과 천 촌을 다니며, 적선에 인연이 있는 집에서 모연하는 크나큰 공로를 성취하였다. 훌륭한 장인을 만나지 못해 한해를 그냥 보냈다. 기유년 봄에 홀연히 훌륭한 장인을 만나서 의춘의 북쪽 고개로 향해 들어가서 원적산 대승암에서 비로소 시작하였다. 불사를 끝내지 못하고, 경술년 봄에 결수[2]를 하였다.

이는 가히 사람이 이룬 소치가 아니라 하늘이 한 일이다. 옛 말씀에 이르기를 "천운의 순환이 가고 없으면 정성으로는 다시 안된다." 한 것은 이를 두고 한 말이다. 이것은 덕을 쌓고 능히 베푼다 해서 되는 것이 아니다.

엎드려 원하건대,

불연佛輦을 조성한 후에 귀신과 천룡팔부가 수호하소서.
삼재三災와 오해五害[3]가 모두 없어지고,
육시六時[4]들지 않더라도 하늘 음악(天樂)[5]이 항상 울려 퍼지고,
옛날부터 지금까지[6] 부처님의 지혜광명(佛日)이 거듭거듭 빛나며,
선풍禪風도 다시 떨치게 하소서!

시주질
경상도 양산 공양보시주 박수억 9월 양주,
울산 공양시주 김춘산 양주, 공양시주 이림

연화질
광현비구, 성열비구, 덕진비구
공양주 : 능간비구, 기민보체
화주 : 학종비구
인권대덕 : 혜능대사 비구

---

2 結手은 본래 부처님이 깨달음을 표시하는 수인을 말한다. 여기서는 '작업을 끝내고 손을 놓다', '완성하다'의 뜻이다.
3 흉년, 수해, 화재, 가뭄, 전쟁, 전염병이다.
4 주야육시 즉 24시간 아미타불을 예배, 찬탄하는 기도이다.
5 극락세계의 음악은 항상 염불, 염법, 염승을 생각나게 하는 음악이다.
6 自來는 自古以來의 줄임 말이다.

기유년(1668)에 시작하여 경술년(1670) 4월에 조성을 마쳤다.
강희 9년(1670) 경술 4월에 불사를 마쳤다.

2) 불연 II (1670년)[7]

施主秩
蔚山供養大施主 韓貴男 兩主
蔚山 鄭戒上 兩主
蔚山 許海立 兩主
蔚珍 南戒目 兩主
蔚山 愛令 保体

寺內秩
智淳
太敬
道旹
海稔
法玄
敬旭
性珠
性眞
首僧 卓倫
三宝 思哲
化主 學宗

7 나무, 121×301㎝, 불영사 성보관 소장.

康熙九年庚戌四月日畢

시주질
울산 공양대시주 한귀남 양주
울산 정계상 양주
울산 허해립 양주
울진 남계목 양주
울산 애령 보체

사내질
지순, 태경, 도은, 해임, 법현, 경욱, 성주, 성진
수승 : 탁륜
삼보 : 사철
화주 : 학종

강희 9년(1670) 경술 4월 일 마쳤다.

2. 목패(1678년)[8]

發願文序

慶尙道　雲梯山吾漁寺哲玄　靈鷲山通度寺靈現卓眞等　同謀發心　由海道向松岳而先訪江原道蔚珎地　天竺山佛影寺　奇觀聖蹟　而心忻然　一夏駐錫 手

有高才心有深信 而寺住惠能大士　亦有信士也 信信相熙　同恨寺之所欠者惟佛

牌殿牌　實△△誠敬　而同願成就萬世流傳之寺宇　而卽成佛牌三位殿牌三位　而

爲世之奇寶　衆所感嘆次 以此四德同願金剛不朽之同　終成大覺之標歟

願以此功德普及於一切

我等與衆生皆共成佛道

寺內秩　信學　性圭　卓元　草軟　惠彦　熙玉

智淳　楚雲　弘允　學宗　思徹　淸敍　璟悟

道㒷　海稔　印岑　卓卞　思俊　△△

道安　草叩　雙日　克倫　三寶　戒欽

畵員　哲玄

靈現

卓眞

淸識太熙彩漁引勸化主　圓印

康熙十七年戊午歲樹牌 勝海 義均 卓倫 尙夂 淸祐 呂還　名賢大德 忠學發願

8 나무, 121×80×304㎝, 불영사 성보관 소장.

발원문 서

경상도 운제산 오어사 철현과 영취산 통도사 영현, 탁진 등이 같이 발심을 해서 바닷길을 따라 송악으로 향하던 중에 먼저 강원도 울진에 있는 천축산 불영사를 방문하였다. 기이한 성인의 수행기록을 열람하고 마음에 환희심이 생겨서 여름 한 철을 주석하였다. 이들은 뛰어난 손재주가 있고, 마음은 깊은 신심이 있으며, 주지인 혜능 대사도 또한 믿음이 있었다. 신심과 신심이 있는 스님들이 서로 기쁘게 만나서 같이 사찰의 결점을 함께 한탄하였다. 생각하기를 불패와 전패가 실로 ○○이 정성스럽게 공경해서 만세토록 사찰이 보전하고 성취되기를 발원하였다. 곧바로 불패 삼위와 임금의 전패 삼위를 완성하니, 세상의 기이한 보배라고 뭇 사람들이 감탄하였다. 이것으로써 사덕[9]이 함께 한 발원은 금강과 같이 깨어지지 않아서 마침내 대각을 이루는 표본이라 할 만 하다.

원컨대 이 공덕을 널리 일체 법계에 회향하오니,
나와 중생들이 모두 함께 성불하소서.

사내질
신학, 성규, 탁원, 초연, 혜언, 희옥, 지순, 초운, 홍윤, 학종, 사철, 청기, 경오, 도은, 해임, 인잠, 탁변, 사준, ○○, 도안, 초훤, 쌍일, 극윤, 삼보, 계흠
화원 : 철현, 영현, 탁진
청식, 태희, 채어
인권화주 : 원인
강희 17년(1678) 무오에 나무목패를
승해, 의균, 탁윤, 상치, 청우, 여환, 명현대덕인 충학 등이 발원하였다.

9 四德은 철현, 영현, 탁진, 혜능을 말한다.

3. 명문와

幕水施主

施主 林交文

施主 黃坦○

施主 趙得男

施主 李武民

施主 高得紅

施主 朱得一

○人沖坦○修負○

○淨供養主卓○

別座 楚雲○

○○○岑

○○○○

막수 시주, 시주 임교문, 시주 황탄○, 시주 조득남, 시주 이무민, 시주 고득홍, 시주 주득일, ○인 충탄 ○수 부○, ○정, 공양주 탁○, 별좌 초운○, ○○○잠, ○○○○

V. 석조미술

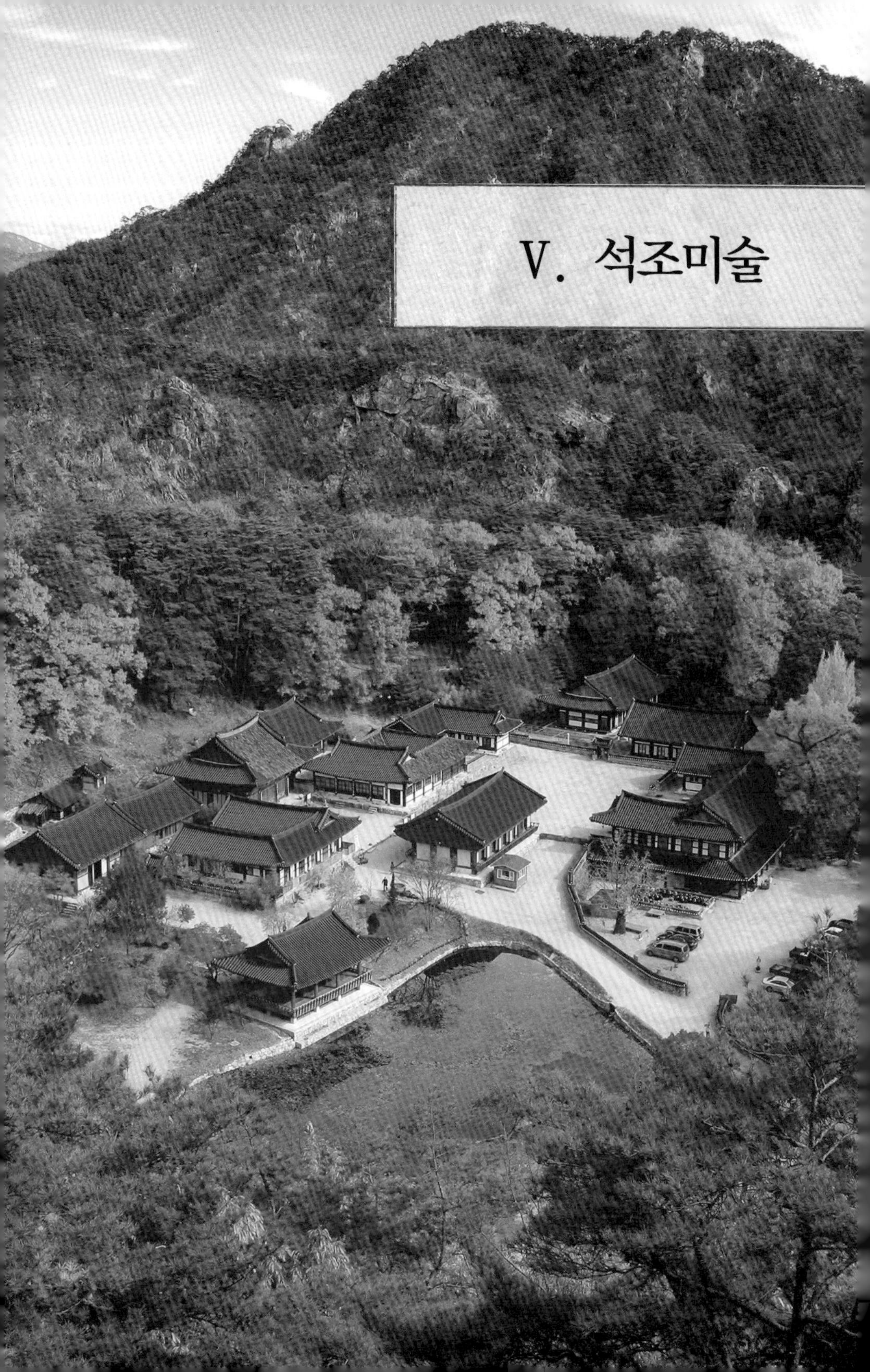

1. 불영사양성당선사혜능부도비(1738년)

養性堂禪師惠能浮屠碑銘[1]

養性堂大師法 諱惠能 字仲悅 俗姓南 其先自麗代寓居仙槎 後裔仍籍焉 自師高曾祖 連五代登虎榜 母田氏籍幸

州 亦望族也 母夢天仙而娠 及誕名夢仙 盖以此也 師幼而質直 不妄言語 與昆季處 嬉戲同樂 而常有出世

之意 父母異之 年十二 遂從應哲長老 受戒八關歲 淹通內外典 就天照大師而質之 又禮叅於虎丘堂 證

悟無礙 性仁厚沉毅 喜檀施嚴戒律 平生喜遊名山 頭流入金剛 若五臺雉岳大小太白 足跡殆遍焉

盖欲尋師講道 而超然有汗漫寥廓之意矣 一日忽見征鴈而歎曰 求道無方 人不反本 何異於弱喪忘

歸 遂歸故棲 住天竺 頤養精神 顏其堂曰養性 其所爲歌詩 皆從念佛三昧中

---

1 양성당대사의 법명은 惠能이고 자는 仲悅이며, 俗姓은 南氏이며 仙槎郡에 적을 두었다. 어머니 田氏는 幸州의 명망 있는 가문 출신으로 하늘에서 내려온 신선의 꿈을 꾸고 임신하여 대사의 이름을 夢仙이라고 지었다. 양성당 대사는 어려서부터 솔직하고 함부로 말을 하지 않았으며, 항상 세상을 벗어나려는 뜻을 품고 있었다. 12살이 되자 應哲 장로를 따라가 受戒하여 불교의 경전과 다른 유교와 도교 등의 경전에 두루 통달하였다. 天照대사에게 진리를 묻고, 또 虎丘堂에게 參禮하여 無礙를 명징하게 깨달았다. 인자하고 너그러운 성품에 보시를 좋아하고 계율을 엄히 지켰으며, 명산 유람을 좋아하여 頭流山, 金剛山, 五臺山, 雉岳山, 大太白山, 太白山 등을 다녔다. 스승을 찾거나 도를 강의하기 위해서, 또는 초연히 한적하게 텅 비우기 위해서였다. 나중에 예전에 있던 天竺寺로 돌아가 주석하면서 거처하던 堂에 養性이라는 편액을 걸었다. 세속 나이로 75세, 법랍 64세로 세상을 떠났다. 다비식을 치른 뒤 3과의 사리가 나와 부도를 세웠다. 현재 탁본은 성균관대박물관에 소장되어 있으며, 탁본된 연대는 1970년대로 추정된다(한국금석문종합영상정보시스템 참조).

流出 一絕云 講罷蓮經

日已昏 松風蘿月掩柴門 幽居自得幽居趣 一境淸閒夢不煩 讀之 怳然坐我於曼陀優鉢羅間

也 丙子十二月十七日 趺坐寂然而化 壽七十五 臘六十四 茶毗之日 瑞氣罩空 數日乃滅 遂得金光

舍利三粒 建浮屠于寺東數十步許 其首弟天玉將立石紀其蹟 因洪于海萬宗求銘於余 于海之於

於大師 若文公之於太顚 備諳事實 爲余言甚詳 余聞而嘉之 遂爲之銘曰/

釋有妙旨 觀性最要 師能蚤悟 覰破幽眇 剩得眞詮 克闡三乘 於我大師 在後足徵[2]

大匡輔國 崇祿大夫 議政府 領議政 崔錫鼎 撰

乾隆三年二月日竪

越明年 戊午二月十八日 立碑

法弟子 眞鑒

山中 天眼 普仁 秀還 法熙

三綱 淨崙 慶律

出記 淸眼 亢俊 雪眼

廣云色孫

受弟子天玉佐雯宗智益 幸捧 致明 智淑 斗萬

次弟子淸右佐廣正

孫在信

---

2 명문은 최석정의『明谷集』卷21 碑銘條(민족문화추진회, 1995,『명곡집』Ⅱ, p.296)에 있다.

양성당 선사 혜능 부도비

양성당 선사의 법명은 혜능이고 자는 중열이다. 속성은 남씨인데, 그 선조는 고려 시대부터 선사에 터를 잡고 살면서 핏줄을 이은 오래된 후손들이 그대로 거주하게 되었다. 선사의 고조와 증조로부터 연이어 5대에 걸쳐 무과에 합격하였다. 어머니 전씨는 행주에 살던 명망 있는 집안이다. 어머니의 태몽 꿈에 하늘의 신선이 들어오는 것을 보고 임신하여 태어났을 때의 이름은 몽선이라고 하였다. 선사는 어려서 성품이 곧고 함부로 말하지 않았고, 형제들과 있을 때에는 서로 같이 장난치며 즐겼으나 항상 세상을 벗어나려는 마음이 있어서 부모가 그것을 이상하게 여겼다.

12살이 되자, 드디어 응철 장로를 따라가서 수계 한 지 8년이 되자 불교와 유학을 통달하였고, 천조 대사에게 나아가 그 본질을 물었으며, 호구당에게 예참[3]하여 선을 명징하게 깨닫고 걸림이 없었다. 성품은 인자하고, 후덕하고, 침착하고, 굳세었다. 단월들의 시주를 기쁘게 받고 계율을 엄격히 지켰다. 평생 명산 유람을 좋아해서 두류산에서 쉬고 금강산에 들어가 기도 하였다. 또 오대산, 치악산, 큰 태백산, 작은 태백산 등에 발자국을 거의 다 두루 남겼다. 뛰어난 스승을 찾거나 도(진리)를 강의하거나 초연하게 욕망을 버리고 마음을 텅 우려는 마음의 뜻이 있었다.

하루는 홀연히 멀리 날아가는 기러기를 보고 탄식하며 말하기를 "도를 구하는 데는 정해진 길이 없으나 사람이 근본으로 돌아가지 않으면 저 허약하여 돌아갈 곳을 잃어버린 것과 무엇이 다르겠는가." 드디어 옛날 천축의 누각에 돌아와 살면서 눈을 부릅뜨고 정신을 기르고 거처하는 집의 이름을 "양성당"이라 하였다. 선사가 한 노래와 시는 모두 염불삼매 중에서 나온 것이다. 그 한 소절에 이르기를

---

3 법을 전해 주는 전법사와 참회사를 말함.

"아름다운 『법화경』 강의를 마치니 날이 이미 저물고,
솔바람 맞으며 댕댕이 덩굴 사이로 비치는 달을 보며 사립문 닫네.
깊은 곳의 그윽한 흥취를 스스로 깨달으니
온 세계가 청정하고 한가하여 꿈도 번뇌도 없네."

라는 시를 읽으면 황홀하여 내가 만다라 꽃, 우담바라꽃 사이에 앉아 있는 것이 분명하게 느껴진다.

병자 12월17일에 결가부좌로 앉은 채 열반에 드셨다. 세수는 75세요, 법랍은 64세이다. 다비식 하는 날에 상서로운 빛이 하늘에 뻗쳐 3일 후에 나 사라졌다. 그리고 금빛 사리 3과를 얻어서 부도를 절의 동쪽 수십 보쯤에 세웠다. 그의 상수 제자 천옥 대사가 장차 비석을 세우기 위하여 그 행적을 적은 기록을 홍우해 만종[4]에게 의뢰하여 나에게 비명을 청하였다. 우해와 선사는 마치 주나라 문왕과 태전[5]의 관계와 같아서 선사에 대한 행적들을 낱낱이 알고 있어서 나를 위하여 아주 자세하게 말해 주었다. 내가 듣고서 그것을 아름답게 여기고 마침내 그 비명을 위하여 말한다.

부처님의 오묘한 뜻이 있는데
성품을 깨닫는 것이 가장 중요하다.
선사는 능히 일찍 깨달아
아득한 애꾸눈을 엿보아 부수어 버렸네.
나머지 참된 깨달음을 얻어서
삼승을 뛰어넘었음을 밝혔네.
아! 우리 선사시여!
후세에 따르는 이들의 징표라네.

4 洪萬宗(1643~1725). 조선 후기의 학자, 詩評家, 자는 于海, 호는 玄默子, 長州, 본관은 豐山, 저서에 『순오지』, 『시화총림』 등이 있다.

5 太顚 : 주나라 문왕의 공신.

대광보국숭록대부 의정부 영의정 최석정[6] 찬하다.
병진년 여름 6월 상순에 쓰다.

전발[7]제자 : 청우→광정
천옥→광운, 처종

건륭 3년(1738) 2월 일에 준비하다.
여러 해를 넘겨 무오년(1738) 2월 18일에 비를 세운다.
법제자 : 진감
산중 : 천안, 보인, 수환, 법희
삼강 : 정륜, 경율
출기 : 청안, 항준, 설안, 광운, 색손
수제자 : 천옥 좌 문종, 지익, 행봉, 치명, 지숙, 두만
차제자 : 청우 좌 광정
손제자 : 재신

6 崔錫鼎(1646~1715). 조선 후기의 명신. 자는 汝和, 호는 明谷, 存窩, 본관은 全州. 저서는 『명곡집』이 있다.
7 傳鉢 : 傳法과 衣鉢이 합해진 말. 전법은 법(깨달음)을 전하는 것이고, 의발은 발우(후사를 맡김)를 전하는 것이다. 교종은 傳敎, 율종은 傳戒라고 한다.

2. 강원도울진군천축산불영사사적비(1933년)[8]

〈전면〉

佛影寺事蹟碑

江原道蔚珍郡天竺山佛影寺事蹟碑記

蓬萊山人　漢岩 重遠 撰

潭陽后人 蒼儂 田炳典 書

余久住於五台山上院寺以莾病懶矣歲癸酉春佛影寺住持朴淇宗來言日佛影寺新羅義湘祖師創建也其名価与星曆寔

重且久而在李朝時舆廢成毁雖有可據前麗朝時沿革都闕其史今若無記則後之昧於今時事也亦猶今之昧於麗朝事也

而今雪耘長老之作大功德於此寺者尢不可無傳故欲建一碣以記其事蹟焉师其無吝緒餘可乎余日旣立碑記事而中間

闕畧則無乃令後之覽者舆未盡之歎歟住持日若以闕於中而不記則又闕於今之事也與其全闕不若記今而明明示於後

人也余日善㦲仍發緖言謹按古記新羅真德王五年義湘祖師自東京沿海入丹霞洞登海雲峰北望歎日西域天竺形移來

海表也又見磵上生五佛影益奇之尋流而下登金塔峰則下有毒龍湫師為龍說法請施地欲建刹龍不順師以神力呪之龍

發憤穿山裂石而去師卽塡湫而建刹震方又建靑蓮殿三間及無影塔以裨補之額日天竺山佛影寺云李朝太祖五年寺失

火六年小雲法師再建云成宗五年白克齋除蔚珍縣令下車三日得癘疾而卒夫人李氏問於吏日近境有可禱精寺否日有

寺名佛影殿古而像靈夫人令轝棺就寺之塔焚香泣祝日妾夫亾肉則已若横夭則伏祈覺天之濟跪至三日夜有一魔魅披

8 돌, 전체높이 220㎝, 비신 155×51.5×24㎝, 불영사 경내.

髮而走日今此覺天光中觧[9]十年寃結夫人驚悟開棺視之奄然還生不勝歡喜以塔寮為歓喜寮佛殿為還生殿因寫金字蓮

経七軸謝佛恩云宣祖十一年性元法師建灵山殿及西殿創南庵起東殿而有雙鶴巢于寺西芙蓉城下至壬辰元朝止南庭

〈측면〉

松楸上嘎然長鳴盘翔数匝而上天井泉赤混不食三日是年倭寇作乱寺宇盡灰唯西殿灵山殿獨存性元又重創法堂及東西禪堂云

肅宗六年养性法師改建禪堂翌年創冥府殿而師本郷人俗姓南性質直不妄言語年十二従應哲長老受戒叅虎丘堂證悟無碍喜枬[10]

施嚴戒律臨終趺坐寂然而化茶毘之日瑞氣罩空淂金光舍利三粒建浮屠于寺東云肅宗大王寵宮姫姫讒王妃廢黜妃欲自決夢見

一僧告曰我自佛影寺来而明日有好祥瑞矣勿憂果翌日宮姫謀事發露伏罪而妃淂還宮故賜寺山四面十里許四標謝佛恩云肅宗

四十六年失火而英宗元年天玉法師重創云噫在於李朝小雲性元养性天玉等諸法師相継而起隨毁隨成昭有其蹟而自羅至麗末

七百餘年间重創修繕茫然無據盖古有傳史而或當盃攸之变入於煨燼耶抑遇兵火而為賊奪去耶前尘暗黑不可以考則凡有成就

〈후면〉

事業者不可不詳記以示後人也今擧雪耘長老之一生積功於此寺者以為後日之亀鏡長老名奉忍俗姓李

夲岺南冝寧人年十四入雪岳山五歳庵依夢聖和尚祝髮受戒而稟性勁直行業勤儉於理於事無不精密而

恒以利他為心人皆稱菩薩间生焉光武三年己亥春訪到于此寺探祖師之遺蹤

---

9 임노직 등, 『울주의 금석문』, 울진문화원, 2012, 296쪽에 解로 읽었다.

10 임노직 등, 위의 책, 296쪽에 菩으로 읽었다.

山水絕勝基址雄深真道人
所居之地也所嗟龍象已去狐狸為窟遺[11]來土地掃空扵濫用雜費旧建堂宇欹斜於風磨雨洗滿庭荒草守護
無人有志者當此豈不心寒而骨砭荿吾當盡力整理期扵復古乃已遂補缺漏剪荒蕪告京邑交隣里內外諸
事先為斉整然後出囊中所儲中島佛峴両坪畓八十餘斗落価文一千八百九十一両還入翌年庚子春水砧
加頭芝草中島四坪与佛峴枂木谷畓一百二十餘斗落価文二千六百二十一両還入壬寅癸卯両年秋中島
佛峴水砧三坪田八十二斗落価文三百五十両還入這间用下雜費至扵一千四百七十九両總計金六千三
百四十一両也而扵中畓一百二十餘斗落田八十二斗落以寺中香火之資為定畓八十餘斗落以[12]禪房条為
定焉如是分定盖有深意寺中与禪房諸般用費皆以寺中条為出而禪房条專為扵禪粮也又併合而用之則
恐後之管理扵此寺者或藉扵寺中公用之多廢其禪會故也自癸卯冬至乙巳春設念佛會夏結制為始設禪
院至于今不[13]廢禪會也壬寅春各法堂及寮舍重修時佛像与十六羅漢像覌音像二位改金後佛幀一位神衆
七星各一幀達摩二幀獨聖塑像二位新造時枂越寄附金外自担金二千一百四十三両也戊午夏梵鍾樓重
修時大乗経典祖師語錄印刷地藏一覌音二法起一四菩薩像改金己未夏設華嚴會癸亥春再次各法堂及

11 임노직 등, 위의 책, 297쪽에 由로 적어놓았다.
12 임노직 등, 위의 책, 297쪽에 而로 적어놓았다.
13 임노직 등, 위의 책, 297쪽에 不을 적지 않았다.

〈측면〉

寮舍重修時自担金二千九百四十三圓也各種果樹栽养成園而佛器與日用
汁[14]物悉贍悉具甲辰春始設七星契募金殖利畓二十三
斗五升落価文二千両買入又設地藏契畓五斗落田六斗落買入以為常住之資
扵是乎宝坊嚴浄人神喜悅龍瀑水聲更奏太古之琴
韻鍾峰山色再現摩尼之香雲後之住持与幹事之人不墮長老之志誠心守護保
惜常住継續禪院至扵無窮則可謂一灯燃百千灯明
明無盡也其功德如四方虛空不可量也若拘扵私欲倚扵權豪革罷禪室擅栽公
財者罪業深重必墮惡途矣可不戒懼故祖師云善惡
分明曰果歷然天堂地獄只在目前嗚呼後之人可以鑒誡也夫
世尊應化二千九百六十年七月　日竪

〈후면〉 하단

山中秩
　比丘 雪耘奉忍
　　　何月法明
　　　　　順燮
　　　　　宗默
　　　宝山天一
　　　　　淳浩
　　　　　流水
　　　　　東一
　　　　　盛祐
　　　　　金輪
　　　　　琦亨

14 임노직 등, 위의 책, 297쪽에 什으로 적어놓았다.

道勤
淸信士勇智
住持淇宗
院主寅瑄
都監永煥

강원도 울진군 천축산 불영사 사적비기

봉래산인 한암 중원[15] 찬하다
담양후인 창농 전병전 쓰다

내가 병이 나고 힘이 없어서 요양하려고 오대산 상원사에 오래 있었다. 계유년 봄에 불영사 주지 박기종이 찾아와서 말하기를 "불영사는 신라의 의상조사가 창건하였습니다. 그 명성과 평판이 높고, 이곳의 역사가 귀중하고 또 오래되었습니다. 조선 시대 때의 흥하고 망함과 이룸과 훼손은 비록 근거가 있으나 고려 때의 연역에 관계된 그 역사를 지금 만약 기록하지 않는다면, 훗날에도 지금의 일을 모를 것입니다. 또 지금도 고려 때의 일을 모르는 것과 같습니다. 지금 설운 장로의 큰 공덕으로 지은 이 절의 사실을 더욱 전하지 않으면 안 됩니다.

하나의 비석에 이 사실을 기록하여 건립하고자 합니다. 그 나머지 것들도 인색하지 않기를 원합니다." 하였다. 내가 말하기를 "이미 비를 세우고 사적을 기록하는 중간의 그 역사가 생략되면, 이는 후에 관람해 보는 사람들이 흥함과 망함을 모두 알지 못한다면 한탄하고 탄식할 것이다." 주지가 말하기를 "만약 그 중간을 기록하지 않고 또 지금의 일도 기록하지 않는다면 그 전체를 만약 기록하지 않는 것과 같습니다. 지금의 일을 분명하게 기록해서 후

15 漢巖 重遠(1876~1951)의 성은 方氏, 호는 漢巖, 본관은 溫陽이다. 저서는 『一鉢錄』이 있다.

세 사람들에게 확실히 알도록 보여주어야 합니다." 내가 말하기를 "좋구나." 이것으로 말미암아 핵심적인 머리말을 적었다. 삼가 옛 기록을 살펴보니,

"신라 진덕왕 5년에 의상조사가 서라벌에서 해안 길을 따라 단하동에 들어가 해운봉을 올라 북쪽을 바라보고 감탄하기를 "서역의 천축산을 바다 옆으로 옮겨 놓은 것 같구나. 또 계곡 물 위에 다섯 부처님의 그림자를 보고 더욱 그것을 기특하게 여겼다. 계곡 아래로 내려와서 금탑봉에 올라 내려보니, 아래에 독룡이 사는 소였다. 조사가 용을 위하여 법을 설하고, 그 땅을 보시하기를 청하니 용이 따르지 않았다. 조사가 신력의 주문을 외우자 용이 분노하며 산을 뚫고 바위를 깨면서 달아났다. 조사가 곧 소를 메우고 절을 지었다. 동쪽에 청련전靑蓮殿 3칸과 무영탑無影塔을 세워 비보(裨補風水)하고 그 이름을 '천축산 불영사'라고 하였다."

조선 태조 5년에 절이 화재로 소실되자 소운小雲 법사가 재건하였다. 성종 5년에 백극재白克齋가 울진 현령에 제수되어 부임한 지 3개월 만에 돌림병을 얻어 사망하였다. 부인 이씨가 아전들에게 묻기를 "인근에 기도 올릴 정사가 있는가?" 하니, 한 아전이 말하기를 "불영사가 있는데 건물도 오래되고 부처님이 영험합니다." 하였다.

부인이 명령을 내려 관을 절의 탑 앞에 속히 옮기라고 재촉하고 가서 부처님 전에 분향하고 울면서 말하기를

"신첩의 부군이 죽을 운명이라면 어쩔 수 없지만, 만약 횡액 요사할 운명이 아니라면, 엎드려 기원합니다. 부처님(覺天)께서 살려주십시오."

꿇어앉아서 기도한 지 3일이 되는 날 밤에 머리를 풀어헤친 한 명의 무서운 귀신이 달아나며 말하기를 "지금 부처님의 광명으로 100년의 원한 맺힌 것을 풀었다."고 하였다. 부인이 놀라 깨어서 관을 열어보니, 언제 죽었냐는 듯 환생하였다. 기쁨을 이기지 못하고 탑 옆의 관을 보관했던 집을

"환희료"라 하고, 기도드린 불전을 "환생전"이라 하였다. 그리고 『연화경』 7축을 금니로 써서 부처님의 은혜에 감사하였다.

선조 11년에 성원性元 법사가 영산전과 서전을 창건하였고, 남암과 동전도 창건하였다. 두 개의 학소대가 절의 서쪽 부용성 아래에 있는데, 임진년 설날에 남쪽 정원의 소나무 위에서 구슬프게 오래도록 울다가 하늘을 여러 번 선회하다가 날아간 뒤 우물과 샘이 붉게 변하여 3일 동안 먹지를 못하였다. 이 해에 왜구(일본)가 전쟁을 일으켜 절의 건물이 모두 잿더미가 되었는데, 오직 서전과 영산전만 남은 것을 성원 법사가 다시 법당과 동서의 선당을 세웠다.

숙종 6년에 양성養性 법사가 선당을 고쳐서 중건하고 이듬해에 명부전을 창건하였다. 법사는 본래 울진 사람이고, 속성은 남씨이며, 성품이 질박하고 곧아서 거짓말과 쓸데없는 말을 하지 않았다. 12세에 응철應哲 장로를 모시고 계를 받고, 호구당虎丘堂에게 참선을 배워 깨달음을 인가받고 무애 자재하였다. 항상 보시를 좋아하고, 계율을 엄히 지켰으며, 임종 때에는 결가부좌 한 채 고요히 천화하였다. 다비하는 날에 서기가 3일 동안 하늘에 머물렀고, 금빛 사리 3과를 얻어 절의 동쪽에 부도를 건립하였다. 숙종대왕이 총애하던 궁희(張禧嬪)의 모함으로 왕비가 폐출되었다. 왕비가 자결하려고 마음먹었는데, 꿈에 한 스님이 고하기를 "나는 불영사에서 왔으며, 내일 좋은 상서가 있으니, 너무 우려하지 말라."고 하였다. 과연 이 튼 날 궁희가 꾸민 사건이 발각되어 죄를 밝혀서 사약을 받았다. 왕비(인현왕후)는 환궁하여 이런 이유를 알리자 왕이 절에 사방 십 리를 하사하여 4개의 금표를 세워 부처님의 은혜에 감사하였다. 숙종 46년에 화재로 소실된 것을 영종 1년에 천옥天玉 법사가 중창하였다. 아! 이조[16]의 소운, 성원, 양성, 천옥 등의 모든 법사들이 서로 계승해 오면서 훼손함에 따라 이룩한 그 사적이 분명하게 있다.

그러나 신라에서부터 고려 말에 이르는 700여 년간의 중창하고 수선한 내용은 세월이 아득하여 자료가 없다. 대체로 예전에 전해지는 역사가 있

16 李朝는 조선을 말함. 중국에서 조선을 격하시켜 부르던 말. 일제강점기에는 일본의 침략정책에 맞추어 더욱 심하게 사용했다.

는 것을 다 수용하였다. 억울하게 변란으로 타버리거나 전쟁으로 적들에게 빼앗긴 암흑 같은 예전의 역사는 가히 상고하지도 못한다. 무릇 있는 사업을 성취하려면, 가히 자세하게 기록하여 후세 사람들에게 보여주지 않으면 않된다. 지금 설운 장로의 일생의 업적과 공덕을 밝히는 것은 이 사찰의 후일을 위하여 귀감이 될 것이다.

장로의 이름은 봉인奉忍이고, 속성은 이씨 이며, 본관은 영남 의령(宜寧) 사람이다. 14세에 설악산 오세암 몽성夢聖 화상을 의지하여 삭발 수계 하였다. 품성이 굳세고, 곧고, 행동은 부지런하고 검소하였다. 이치와 사리를 분별함에는 정세하고 치밀하지 않은 것이 없었다. 항상 다른 사람을 위해 마음(利他心)을 쓰니, 사람들이 모두 "보살이 인간 세상에 탄생하셨다." 칭송하였다. 광무 3년 기해 봄에 불영사에 와서 참방하고, 조사의 유적을 탐구하며 참선하다가 산수가 아름답고 뛰어나고 절터가 깊고 웅대하고 참으로 도인이 살만한 곳이라고 감탄하였다.

아! 용상[17]은 이미 가버리고, 삵괭이와 여우들의 소굴이 되었다. 전해 내려오던 토지들은 잡비로 남용되어 텅 비었다. 옛 건물들은 비바람에 씻겨나가 기울었다. 정원에는 잡초가 무성하여도 지키고 보호하는 사람이 없다. 뜻이 있는 자라면 이런 일을 당하면, 어찌 마음에 한기가 들고 골수를 바늘로 찌르는 듯하지 않겠는가. 내가 당연히 모든 힘을 다해 정리할 것을 기약하였다. 다시 옛날의 모습을 회복하기 위해 드디어 떨어져 나가고 새는 곳을 보수하며 무성한 풀을 베어버리고, 서울과 읍, 촌과 마을 안팎으로 번갈아 다니면서 사찰의 모든 사실을 알렸다.

먼저 안을 가지런히 정리한 후에 보시받은 주머니를 열어서 불전에 가운데 쌓아놓았다. 중도리와 불현리 2곳의 답 80여 두락의 가격을 문 1,891냥으로 사들여 절에 귀속시켰다. 이듬해 경자년 봄에 수침리, 가두리, 지초리, 중도리 4곳과 불현리, 단목곡의 답 120여 두락의 가격을 문 2,621냥에 사

17 龍象은 부처님의 별칭인데, 여기서는 선지식과 지도자를 의미한다.

들여 절에 귀속시켰다. 임인년과 계묘년의 두 가을에는 중도리, 불현리, 수침리 3곳의 전 82여 두락의 가격을 문 350냥에 사들여 절에 귀속시켰다. 그간 잡비로 사용된 지출이 1,479냥이고 총 지출한 금액은 6,341냥이다.

그중에 답은 120여 두락이고, 전 82두락은 절의 향화의 재산으로 정하였고, 답 80여 두락은 선방의 공양 조목으로 정하였다. 이렇게 분리하여 정한 것은 전부 깊은 뜻이 있다. 사중과 선방의 모든 비용을 쓸 때는 사중의 장부로 지출하고, 선방의 조목은 오로지 선원의 양식을 위한 것이다. 또 병합하여 그것을 사용하면, 후임의 관리들이 사중과 선원의 재정을 공용으로 쓰다가 나중에 재정이 궁핍하게 되면, 그 선원의 모임을 폐지할까 두렵기 때문이다.

계묘년 동지에서부터 을사년 봄에 염불회를 설치하고, 하안거에 선원을 설치하여 결제를 시작한 이래로 지금까지 선원이 폐지되지 않았다. 임인년 봄에 각 법당과 요사를 중수할 때 불상과 16 아라한상, 관음상 2위를 개금하고, 후불탱화 1위, 신중탱화, 칠성탱화 각 1위, 달마탱화 2위, 독성 소조상 2위를 새로 조성하였을 때 단월들의 기부금 외에 자부담금이 2,143냥이다. 무오년 여름에 범종루를 중수할 때 대승경전과 조사어록을 인쇄하였고, 지장 1위, 관음 2위, 법기 1위 등 4보살상도 개금하였다.

기미년 여름에 화엄 법회를 열었다. 계해년 봄에 재차 각 법당과 요사채를 중수할 때 자부담금이 일금 2,943원이다. 각종의 과일나무를 심어 농원을 만들고 가꾸어서 불기와 일용 생활용품을 모두 넉넉하게 갖추었다. 갑진년 봄에 칠성계를 만들어 모금한 이자로 답 23두 5승락을 문 2천냥에 사들였다. 또 지장계를 설치하여 답 5두락, 전 6두락을 매입하여 상주하는 사람들을 위한 재정으로 삼았다. 이와 같은 일은 보방[18]의 엄정하고 깨끗한 관리는 사람과 귀신이 기뻐하고 즐거워한다. 용추의 폭포 소리는 다시 태고의 거문고 소리를 연주하는 듯하고, 종암봉의 산색은 보배의 만발한 꽃[19]으로 재현하였다.

18 寶坊은 사찰, 사원, 승방(스님들이 사는 곳)의 뜻이다.

19 香雲은 만발한 흰 꽃을 구름에 비유한 말이다.

후세의 주지와 관리 책임자들은 설운 장로의 뜻을 타락시키지 말고, 지극정성으로 아끼고 수호하고, 상주하면서 끊어지지 않도록 계승하면 선원은 무궁할 것이다. 가히 하나의 등불이 타올라서 백천의 등불이 켜지면 영원히 밝을 것이다. 그 공덕은 사방의 모든 허공을 가득 채워서 헤아릴 수 없을 것이다. 만약 사리사욕에 사로잡혀 권력과 부호들에게 의탁하여 선실을 파괴하거나 공공재산을 마음대로 없애버리면 죄업이 깊고 무거워서 반드시 악도에 떨어질 것이다.

가히 두려워하며 경계해야 할 것이다. 그러므로 조사가 말씀하시기를 "선악이 분명하고 인과가 확실하다. 천당과 지옥이 지금 눈앞에 있다." 하였다. 아! 후세 사람들은 가히 진정 거울로 삼아야 할 것이다.

세존 응화 2960년 7월 일 세우다.

산중질

비구 설운 봉인, 하월 법명, 순섭, 종묵, 보산 천일, 순호, 류수,
동일 성우, 금륜, 기형, 도근, 청신사 용지

주지 : 기종
원주 : 인선
도감 : 영환

Ⅵ. 현판과 시판 등

1. 국기(懸板)[1]

國忌

太祖康獻大王	五月二十四日健元陵楊州
神懿王后韓氏	九月二十三日齊陵豊德
神德王后康氏	八月十三日貞陵東小門外
恭靖王后	九月二十六日厚陵豊德
定安王后金氏	六月二十五日厚陵
太宗恭定大王	五月初十日獻陵廣州
元敬王后閔氏	七月初十日獻陵
世宗莊憲大王	二月十七日英陵驪州
昭憲王后沈氏	三月二十四日英陵
文宗恭順大王	五月十四日顯陵楊州
顯德王后權氏	七月二十四日顯陵
世祖惠莊大王	九月初八日光陵楊州
貞熹王后尹氏	三月三十日光陵
德宗懷簡大王	九月初二日敬陵高陽
昭惠王后韓氏	四月二十七日敬陵
睿宗襄悼大王	十一月二十八日昌陵高陽
章順王后韓氏	十二月初五日恭陵坡州
安順王后韓氏	十二月二十四日昌陵
成宗康靖大王	十二月二十四日宣陵廣州
恭惠王后韓氏	四月十五日順陵坡州
貞顯王后尹氏	八月二十二日宣陵

1 조선후기, 나무, 31×119㎝, 1점, 불영사 성보관 소장.

中宗恭僖大王　十一月十五日靖陵廣州
章敬王后尹氏　三月初二日禧陵高陽
文定王后尹氏　四月初七日泰陵楊洲
仁宗榮靖大王　七月初一日孝陵高陽
仁聖王后朴氏　十一月二十九日孝陵
明宗恭憲大王　六月二十八日康陵楊州
仁順王后沈氏　正月初二日康陵
宣祖昭敬大王　二月初一日穆陵楊州
仁穆王后金氏　六月二十八日穆陵
懿仁王后朴氏　六月二十七日穆陵
元宗恭良大王　十二月二十九日章陵金浦
仁獻王后具氏　正月十四日章陵
仁祖　大王　五月初八日長陵坡州
仁烈王后韓氏　十二月初九日長陵
王后趙氏
孝宗　大王　五月初四日寧陵

顯宗　大王

국기(國忌)

태조 강헌대왕 5월 24일 건원릉, 양주
신의왕후 한씨 9월 23일 제릉, 풍덕
신덕왕후 강씨 8월 13일 정릉, 동소문 밖
공정왕후 9월 26일 후릉, 풍덕
정안왕후 김씨 6월 25일 후릉, 풍덕

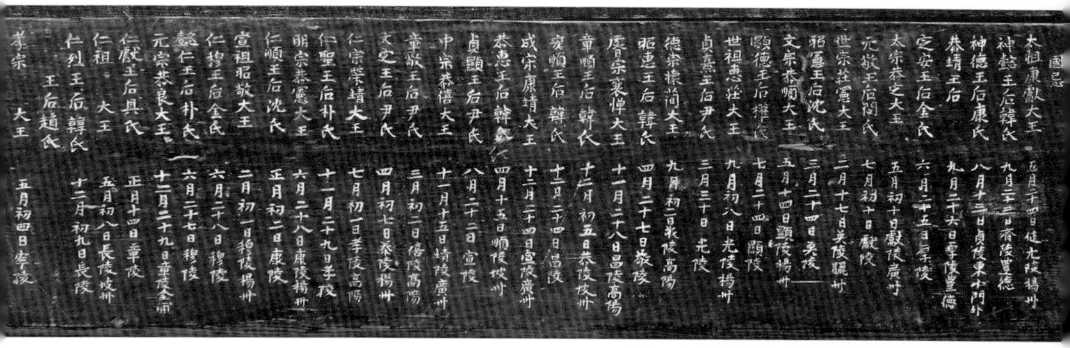

태종 공정대왕 5월 10일 헌릉, 광주
원경왕후 민씨 7월 10일 헌릉
세종 장헌대왕 2월 17일 영릉, 여주
소헌왕후 심씨 3월 24일 영릉
문종 공순대왕 5월 14일 현릉, 양주
현덕왕후 권씨 7월24일 현릉
세조 혜장대왕 9월 8일 광릉, 양주
정희왕후윤씨 3월30일 광릉
덕종 회간대왕 9월 2일 경릉, 고양
소혜왕후 한씨 4월 27일 경릉
예종 양도대왕 11월 28일 창릉, 고양
장순왕후 한씨 12월 5일 공릉, 파주
안순왕후 한씨 12월 24일 창릉
성종 강정대왕 12월 25일 선릉, 광주
공혜왕후 한씨 4월 15일 순릉, 파주
정현왕후 윤씨 8월 22일 선릉
중종 공희대왕 11월 15일 정릉, 광주
장경왕후 윤씨 3월 2일 희릉, 고양

문정왕후 윤씨 4월 7일 태릉, 양주
인종 영정대왕 7월 1일 효릉, 고양
인성왕후 박씨 11월 29일 효릉
명종 공헌대왕 6월 28일, 강릉, 양주
인순왕후 심씨 1월 2일, 강릉
선조 소경대왕 2월 1일, 목릉, 양주
인목왕후 김씨 6월 28일, 목릉
의인왕후 박씨 6월 27일, 목릉
원종 공양대왕 12월 29일, 장릉, 김포
인천왕후 구씨 1월 14일, 장릉
인조대왕 5월 8일, 장릉, 파주
인열왕후 한씨 12월 9일, 장릉
왕후 조씨
효종대왕 5월 4일, 영릉
현종대왕

2. 불영사찬기(詩板)[2]

佛影寺讚記
山疊水重人寂處
天龍地秘佛影寺
盤龍弄珠形局中
天眞觀音騎龍態
前後石壁如屛立
巖畔霜葉似春花
巍々長松直千尋
碧水落破玉萬散
過去禪衲幾往來
無数道人安棲地
天眞觀音說般若
左右青山黙々聽
丁未正月
鷄龍山人 崔滿虛
活眼 崔洪碩 筆
休然 李準教 刻

---

2 조선말~근대, 나무, 28×76.5㎝, 1점, 불영사 성보관 소장.

불영사 찬기 시판

불영사를 찬탄하며 기록하다.

산 첩첩 물 겹겹 인적이 고요한 곳
천룡이 숨겨놓은 땅 불영사.
쟁반 위의 여의주를 희롱하는 형국
천진한 관세음이 용을 탄 모습일세.
앞과 뒤로 석벽이 병풍처럼 서 있고
암반 위의 서리 맞은 나뭇잎은 봄꽃 같아라.
우뚝 선 소나무는 천 길
푸른 물 떨어지며 만 개의 구슬로 흩날리네.
과거에 선승들 몇이나 오갔던가?
무수한 도인들 편안히 살 땅이네.
천진 관음이 반야를 설하니
좌우 청산 묵묵히 듣고 있네.

정미년 5월
계룡산인 최만허 지음.
활안 최홍석 씀.
휴연 이준교 새김.

3. 불영사유제(詩板)[3]

佛影寺留題

芙蓉千朶化城圍塔亩螺峰揔
欲飛殿脚潭湫龍恍惚洞門光
影佛依俙一溪雪水騰銀瀑二
月春雲羃翠微向曉步随圓月
去坐妄臺上淡妄機

戊子仲春雪岳山人 金昌翕

丹霞洞裡聳螺峰西竺浮来翠
幾重塔亩攀登淸喚鶴鍾岩飛
下愯窺龍依俙佛影芙蓉護回
合山形殿宇容臺外銀流通碧
海浮槎漢使倘相逢

辛卯杪秋都事 鄭東後

螺峰断處洞門開塔亩蓉城踴
躍廻聞說山湫龍怒去異時天
竺佛歸来岩花散作三春雨水
瀑噴成一壑雷林外莫須催五
馬忘還知是坐忘臺

辛卯暮春縣令 金世衡

3 조선말~근대, 나무, 37×91㎝, 1점, 불영사 성보관 소장.

불영사 유제 시판

불영사에 머물며 짓다.

연꽃 천 송이 화성[4]을 에워싸고
금탑봉 청라봉 모두 날고자 하네.
전각 아래 용소에는 용이 어른거리고
계곡의 빛 그림자 부처와 비슷하네.
폭포의 얼음물은 은빛 물결로 날고
이월의 봄 구름 비취색으로 덮혔네.
새벽에 걷다가 둥근달을 따라가니
좌망대 위에서 번뇌가 사라지네.

무자 2월 중춘에 설악산인 김창흡[5] 짓다.

4 化城 : 『법화경』 「화성유품」에 나오는 말로 "불국정토"를 의미한다.

5 金昌翕(1653~1722). 조선후기의 학자, 자는 子益, 호는 三淵, 본관은 安東, 시호는 文康, 저서로 『삼연집』이 있다.

단하동천 소라봉 우뚝하고
천축에서 전해진 불교 얼마나 소중한가.
금탑봉에 올라 깨끗한 학을 부르고
날 듯 솟은 종암봉 아래 용을 엿보네.
부처와 똑같은 그림자를 부용성이 보호하고
산이 돌아 합한 형국은 불영사를 안고 있네.
누대 밖 은빛 물결 푸른 바다 통하니
신선 찾는 한나라 사신 혹시라도 서로 만나겠지.

신묘년 만추(묘추)에 도사 정동후[6] 짓다.

소라봉 끝에 단하동천이 열리고
금탑봉과 부용성이 뛰는 듯 에워 쌓네.
전설 들으니, 산속 못에의 용이 노하여 떠나고
다른 날 천축의 부처가 돌아왔네.
종암봉에 꽃 흩날리니 춘삼월의 비 같은데
폭포수의 물은 오로지 우레소리 뿐이네.
숲 밖에서 오마[7]를 재촉하지 않으니
돌아감을 잊은 이것이 좌망대임을 알겠네.

신묘년 늦봄에 현령 김세형[8] 짓다.

6 鄭東後(1659~1735). 조선후기의 문신, 자는 厚鄉, 호는 松崖, 본관은 東萊. 都事는 고려와 조선에서 중앙과 지방의 관청에서 관리의 감찰과 탄핵을 담당한 종오품의 벼슬.

7 五馬判書의 줄임말. ① 중국에서 太守. 태수의 수레는 4마리의 말이 끄는데, 예비용으로 1마리 더 데리고 다님. ② 조선시대의 재화를 탐하여 뇌물 받기를 즐겨한 것을 비유함. ③ 여기서는 아름다운 경치를 탐하여 가기 싫다는 뜻.

8 金世衡(생몰미상). 울진현령, 영주 "괴헌고택"의 입향조이다. 국가지정 중요 민속자료 제262호이다.

4. 증혜능상인(詩板, 1683년)[9]

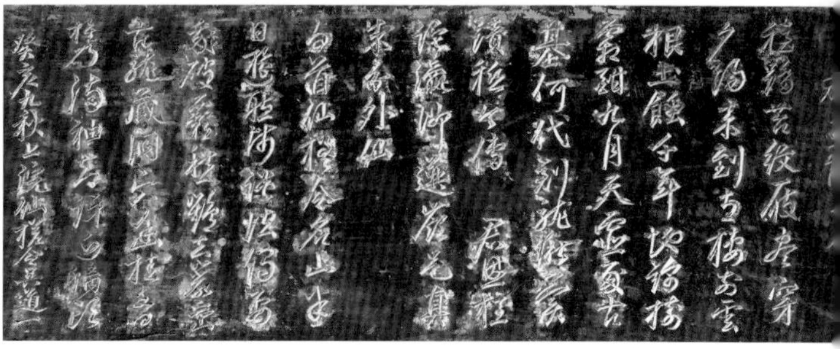

贈惠能上人
穩蹻苔紋屐盡穿
夕陽來到寺樓前
雲根土蝕千年地
錦樹霜酣九月天
靈殿古基何代創
龍湫異蹟秪今傳
君恩枉詫瀛洲選
嶺邑眞成分外仙
白首仙槎令
名山半日遊
聽師談法偈
要我破覊愁
鶴去巖巒古
龍藏洞穴幽
桂香携滿袖
却訝近螭頭
癸亥九秋上浣
仙槎令 吳道一

9 조선후기, 나무, 37×101.5㎝, 불영사 성보관 소장.

증 혜능상인 시판

혜능 상인에게 주다

선인의 문채를 답사하니 신발이 구멍 나고
석양빛 받으며 절에 도착해 누각 앞에 섰네.
납자들의 근본 고향인 천년 터전
단풍나무에 서리 내린 즐거운 구월 하늘.
환희전 옛터는 어느 때 창건인지
용추의 신비한 얘기 지금도 전해지네.
임금님 은혜로운 영을 받아 영주[10]에 뽑혀
영남의 참으로 분수 밖의 신선이 되었도다.
머리 흰 선사의 현령
명산에서 반나절을 노닐었네.
대사가 말하는 법게[11]를 들으니
나에게 근심을 놓아버리라 하네.
학이 떠난 바위 옛날을 그리워하고
용이 숨었던 동굴은 고요하네.
계수나무 향기 소매 속에 가득해도
의심을 그치면 용의 머리[12]에 가깝네.

계해년 9월 상순에 선사(울진)현령 오도일[13] 짓다.

---

10 신선이 사는 곳.

11 법, 진리의 게송.

12 리두는 용의 새끼, 이무기, 뿔 없는 용인데, 여기서는 부처님과 지혜를 상징해서 깨달음에 가까워짐을 의미한다.

13 吳道一(1645~1703). 조선후기의 문신, 자는 貫之, 호는 西坡, 본관은 海州, 저서로 『서파집』이 있다.

5. 경차만휴임선생판상흠(詩板)[14]

敬次萬休任先生板上韻

靈區幽且窈穿到白雲城景入詩

中畫松鳴譜外笙峭巖飛鳳萃噴

瀑眞珠生山鳥似知面向人送數聲

南容直

山川依舊在聯袂到夢城湫龍吟老

石巢雀和清笙跏座羅漢佛慈

航渡众生休翁一去後壁上尚遺聲

張世鎬

朝登元曉窟暮至芙蓉城怒瀑飜成練

踈松半雜笙郍將千化術妙覚乘

迷生何處休翁去嘻〃山鳥聲

張永銖

逶迤訪石洞西揷芙蓉城聊知雲裏

磐早学月中笙魚鳥天機動江山古

色生悠然心界爽何妨隔塵聲

南容哲

憶昔萬休子何年踵海城雲山帰寂

14 조선말~근대, 나무, 27.8×73.5㎝, 불영사 성보관 소장.

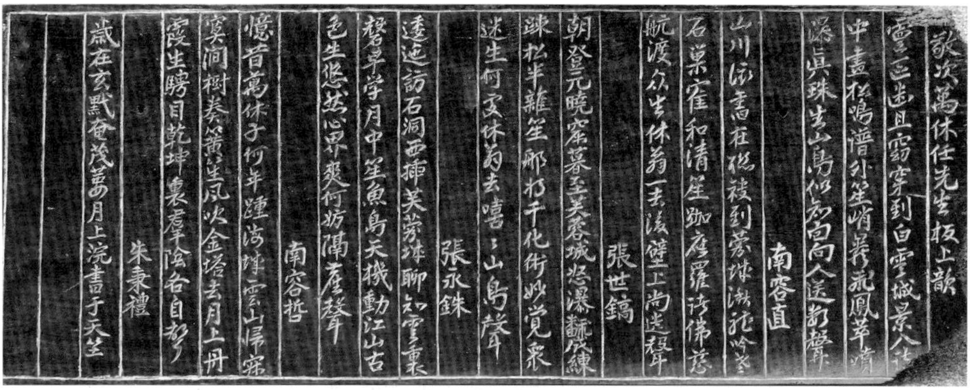

寞泂樹奏簧笙風吹金塔去月上丹
霞生騁目乾坤裏羣陰各自聲
朱秉禮

歲在玄黓奄茂蕤月上浣書于天竺

경차 만휴 임선생판 상운 시판

만휴 임선생의 판상에 삼가 차운하다.

깨달음의 세계가 깊지 못하고 또 옙지만
흰 구름을 뚫고 부용성에 올랐네.
경치에 시와 그림이 들어있고
솔바람 소리는 악보 밖의 생황이로다.
가파른 바위에는 봉황들이 날아오고
분출하는 폭포가 진주를 만들어 내네.

산새들은 아는 얼굴을 보았는지
사람을 보고 몇 마디의 인사를 하네.

남용직

산천은 예전처럼 변함이 없는데
여럿이 소매를 끌며 꿈에 본 성에 왔네.
용추의 바위에서 노인은 노래 부르고
둥지의 참새는 맑은 생황 소리로 화답하네.
나한과 부처는 가부좌하고
자비의 배로 중생들을 실어 나르네.
만휴옹이 한번 다녀간 뒤에
벽 위에 시와 명성을 자랑하네.

장세호

아침에는 원효굴에 오르고
저녁에는 부용성에 오르네.
노한 폭포는 나부껴 명주실을 이루고
성긴 솔바람 소리에 반은 생황 소리.
어쩌면 천변만화의 방편으로
미혹한 중생을 부처에 오르게 하네.
만휴옹은 어느 곳으로 갔는가?
짹짹 산새 우는 소리일세.

장영수

구불구불 돌아서 불영사를 찾으니
서쪽에 부용성이 솟았네.
말대로 구름 속 너럭바위를 알았고

서둘러 달빛 속에서 생황을 배우네.
물고기와 새들은 자연스럽게 사는데
강산은 예스러운 풍치가 나네.
마음의 경계는 상쾌하고 여유로워
어찌 속세 소리가 방해하겠는가.

남용철

예전의 만휴자를 생각하며
어느 해에 바다의 부용성을 밟았네.
산의 구름은 적막으로 돌아가고
계곡과 나무는 생황을 연주하네.
금탑에 불던 바람도 돌아가고
밝은 달이 뜨면 단하동이 살아나네.
천지 속 중생들을 살펴보니
모든 존재 각각 자기의 소리일세.

주병례

때는 임술년을 가리키고 풀이 무성한 달 상순에 천축산에서 짓다.

6. 경차삼연선생판상운(詩板)[15]

敬次三淵先生板 上韻	삼연선생 시 위에 삼가 차운하다.
山水自藏太極園	산수는 스스로 태극 정원을 감추고
六塵於此揔灰飛	육진은 이곳에서 모두 재로 날리네.
夕柝留衣雲共宿	저녁 목탁 소리에 구름과 함께 잠들고
曉鍾警鶴露初微	새벽 종소리에 놀란 학이 작은 이슬 내리네.
寒月空潭枉撈攎	빈 못의 차가운 달 물결에 일렁이고
諸天白日尚依俙	하늘은 밝은데 해는 오히려 흐릿하네.
無心獨立無形外	무심은 홀로 형상을 벗어나 있고
色〻其眞一〻機	빛깔마다 그 하나하나가 진실일세.
辛巳中秋月下	신사년 8월 하순에
澥北山林性舜書	북산 임성순 짓다.

15 조선말~근대, 나무, 32.2×67.2㎝, 불영사 성보관 소장.

7. 양아구일유불영사음(詩板)[16]

　兩兒九日遊佛影寺吟
　二律余走次並附前韻
兒曺訪天竺蠟屐趂趁秋凉
萬古神仙窟三車釋氏藏
龍歸潭月冷鶴去峀雲長
落帽酬佳節黃花似故鄕
　右次倫兒韻

勝地逍遙世慮收一身閑處
任行休四年蓬島仙曺臥九
日龍山爾輩遊玉洞雲霞壺
裏界錦林霜月畫中秋沈
吟靜夜携僧話桂子天香
落晩洲　　右次佐兒韻
　歲丁未九秋縣宰李行敏

　枕席烟嵐潤簾旌水月
　凉巖空孤鶴去臺廢五
　龍藏錦樹秋霜重雲壇
　醉睡長家君方作宰天
　賜一仙鄕　　子正倫

16 조선시대, 나무, 34.2×100.6㎝, 불영사 성보관 소장.

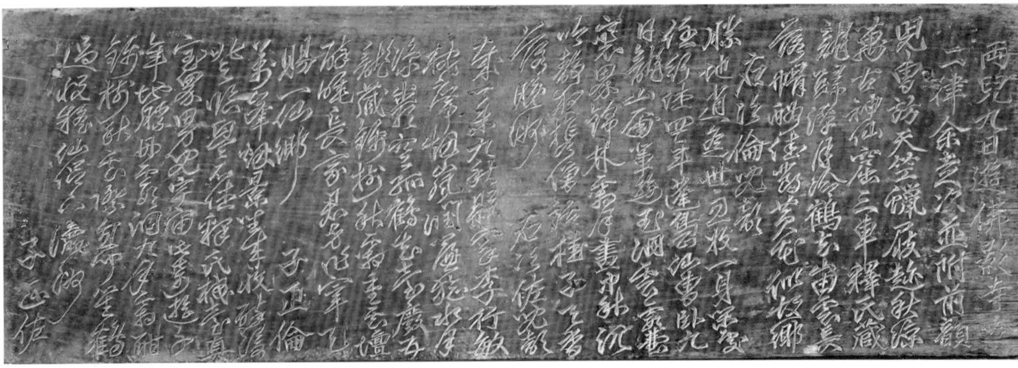

萬峯烟景坐來收醉後
登臨興不休釋氏樓臺眞
宝界男兒宇宙此奇遊千
年地勝丹霞洞九月霜酣
錦樹秋雲際忽聞笙鶴
過復疑仙侶下瀛洲
子正佐

양아구일유 불영사음 시판

두 아들이 9일에 불영사에 놀면서 율시 두 편을 읊었다.
내가 차운하고 또 전에 지은 시를 보태었다.

아이들이 조계의 천축산을 찾아
기름 바른 나막신 신고 시원한 가을을 즐기네.
아주 오래된 신선의 굴

성문, 연각, 보살과 부처님이 계시네.
용이 없는 못에 달빛은 차갑고
학이 떠난 곳에 구름이 피어나네.
모자에 떨어진 아름다운 계절
노란 국화 피어 고향 같구나.

오른쪽 위의 시는 아들 정윤의 시에 차운하였다.

아름다운 곳에 소요하니 세상 시름 사라지고
일신은 한가로운 곳에서 마음대로 쉬네.
4년 동안 봉래섬의 신선과 함께[17] 누웠다가
중양일엔 부용산을 아이들과 유람하네.
옥류동천의 붉은 노을 호리병 속 세상
단풍 숲 서리 내린 달은 그림 속의 가을이네.
깊고 고요한 밤 스님과 대화하고 노래하니
월계수의 하늘 음악 깊은 밤의 섬에 울려 퍼지네.

오른쪽 아들 정좌의 시에 차운한 것이다.
정미년 9월 현감 이행민[18]

베갯 자리 안개로 젖었고
주렴에 비친 물속의 달이 서늘하네.
학이 떠난 외로운 빈 바위
버려진 누대엔 다섯 용이 숨었네.
단풍나무엔 가을 서리 무거운데

17 仙曹는 淸宦의 벼슬에 있는 사람. 학식과 문벌이 높은 사람에게 시키는 벼슬. 규장각, 홍문관, 선전관 등의 자리. 지위와 봉록은 낮으나 뒷날 높이 될 자리이다.
18 李行敏(1680~ ?). 조선후기의 문신, 자는 景訥, 본관은 慶州.

구름 위에서 취해 깊이 잠들었네.
아버지께서 바야흐로 재상이 되니
하늘이 신선의 고향을 내리셨네.
아들 정륜

만 봉의 안개 낀 경치를 앉아서 감상하고
취한 후에 올라오니 흥취가 식지 않네.
부처님의 누대는 참으로 보배로운 세계
남자는 우주의 기이한 경치를 즐기네.
천년의 땅 단하동의 아름다움
9월 서리에 단풍나무에 가을이 무르익네.
구름 끝 지나다 문득 생황과 학 울음 들리면
다시 영주의 신선 음악을 의심치 않겠지.
아들 정좌

8. 시판(詩板)[19]

天竺奇形盡在山白雲飛瀑出
其间蓬萊道客尋真跡菩薩
阿尼解舊顏洞濶林開晴淡ㄟ
院深花落晝閒ㄟ木蘭菴上
鍾聲起十載居然佚步還
南穆永

第二金剛又此山丹霞紅樹別
人间萬老佳章僧作偈篁翁
遺墨佛生顏龍歸水㬨岩巒
闊鶴去臺空歲月閒題名不
必紗籠好記得西菴謁睡還
尹奎炳

鐃中恒海畫中山真歎金剛
在此间洞闇鏦錚醒俗耳岩
形奇怪幻仙顏晚花芳草無人
處警鐸鳴鍾有寺閒梵唄心
経忘世味諸天斜日與雲還
田大錫

仙菴佛宮最靈山須從蓬萊

19 조선말~근대, 나무, 36×88.4㎝, 불영사 성보관 소장.

在此间怒瀑自成空外闇晴
嵐时動晝中顏龍歸古洞雲猶
濕鶴睡凉臺月與閒好是百年
吟賞地幾人住策却忘還
尹炳夔

歲壬申蕤夏

시판

천축의 기이한 형태의 산이 모두 여기 있고
흰 구름 같이 날리는 폭포가 그중에 뛰어나네.
봉래산 도인의 참된 발자취를 찾는 나그네
보살과 스님이 옛 얼굴 알아보네.
계곡은 넓고 숲은 열려 맑은 하늘
깊은 사원에 꽃이 날리니 그림같이 한가롭네.
산 목련이 핀 바위 위로 종소리 울리는데

십 년을 살던 게으른 발걸음을 돌아보네.
남목영

이산은 제2의 금강산
단하동의 단풍은 인간세계와 다르네.
만휴옹의 아름다운 문장에 스님은 시 짓고
유묵의 글씨에서 부처님 얼굴 살아나네.
용이 돌아간 맑은 물에 부용성이 비치고
학이 떠난 빈 학소대엔 긴 세월 달만 한가롭네.
시의 제목이 좋다고 반드시 좋은 시는 아닌데
서암에서 얻은 것을 아뢰고 졸다가 기록하네.
윤규병

대야 속은 항상 바다요, 그림 속의 산이라
참으로 금강산이 이 사이에 있음을 감탄하네.
우렁찬 계곡 물소리에 세속의 소리 사라지고
기괴한 바위형상 신선 얼굴로 착각하네.
흐드러진 꽃과 향기로운 풀 있는 인적 없는 곳
목탁 소리 종소리 울리는 한가로운 절이 있네.
범패와 반야심경은 세상의 즐거움을 잊게 하고
석양 노을이 구름과 더불어 돌아오네.
전대석

신선 사찰 부처님 궁전 최고의 영산
봉래산이 이곳에 모였네.
우렁찬 폭포 소리에 허공 밖은 희미하고
화창한 날의 아지랑이 때마다 그림 속 얼굴이네.
용이 떠난 단하동엔 구름 아직 깔렸는데

학이 잠든 시원한 대는 달과 함께 한가롭네.
좋구나, 백 년 동안 시 읊고 감상하던 곳
몇이나 머물다가 다시 돌아감을 잊었던가.

윤병기

임신년 4월에 짓다.

9. 시판(詩板)[20]

在彪
燉亮
冕榮
在允

문채의 빛남은 제갈량에게 있고
이름난 영광은 황제에게 있다.

2년 3월 일

20 조선말~근대, 나무, 15.5×55㎝, 불영사 성보관 소장.

10. 문양판(文様板, 1917년)[21]

世尊應化二千九百四十四年七月一日
蔚珍郡天竺山佛影寺開板藏
大正六年八月十八日

불영사 개장판[22]

세존 응화 2944년 7월 1일
울진군 천축산 불영사 개판장
대정 6년 8월 18일

21 나무, 61.7×26.8㎝, 불영사 성보관 소장.

22 개장판은 불경을 찍을 때 표지의 비단에 문양을 장식하거나 속표지의 문양을 찍을 때 사용한다.

11. 시주(名板, 1925년)[23]

　蔚珍面邑內里
乾命林敬瑞 己酉生
坤命朱氏　 辛亥生
　乙丑四月 日

시주 명판

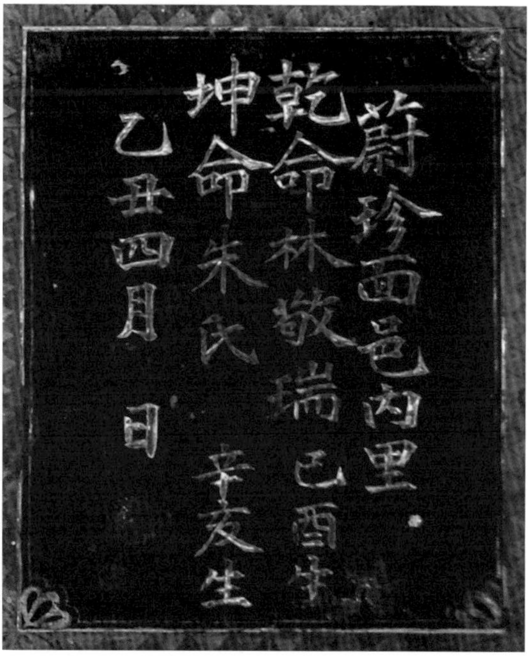

울진군 읍내리
건명 임경서 기유생
곤명 주씨 신해생
을축년 4월 일

23 나무, 명판은 시주와 공덕이 많은 신도들을 위하여 "비석" 대신에 많이 새겼다.

12. 시주(名板, 1925년)[24]

蔚珍面邑內里
張仁煥
子 柱経 戊午生
柱燉 甲子生
乙丑四月 日

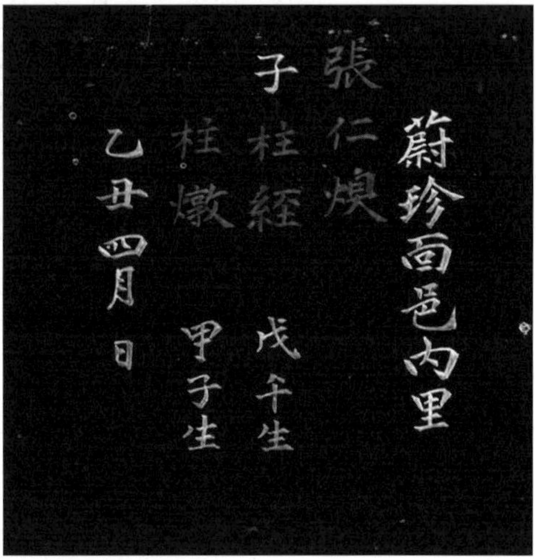

시주 명판

울진면 읍내리
장인환
자 주경 무오생
주돈 갑자생
을축년 4월 일

24 나무.

13. 시주(名板, 1925년)[25]

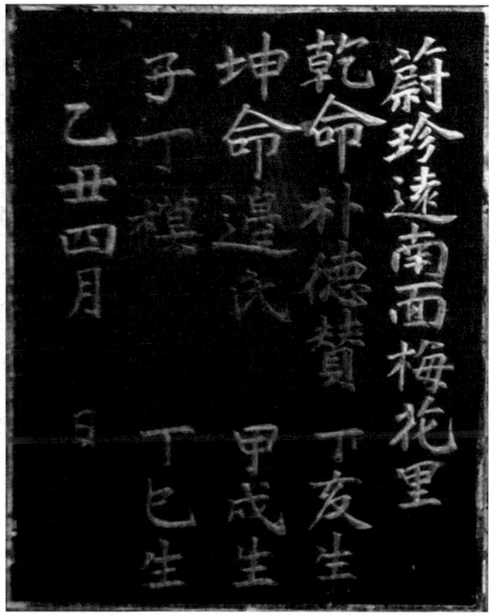

蔚珍遠南面梅花里
乾命 朴德賛 丁亥生
坤命 邊氏 甲戌生
子 丁模 丁巳生
乙丑四月 日

시주 명판

울진군 원남면 매화리
건명 박덕찬 정해생
곤명 변씨 갑술생
자 박정모 정사생
을축년 4월 일

25 나무.

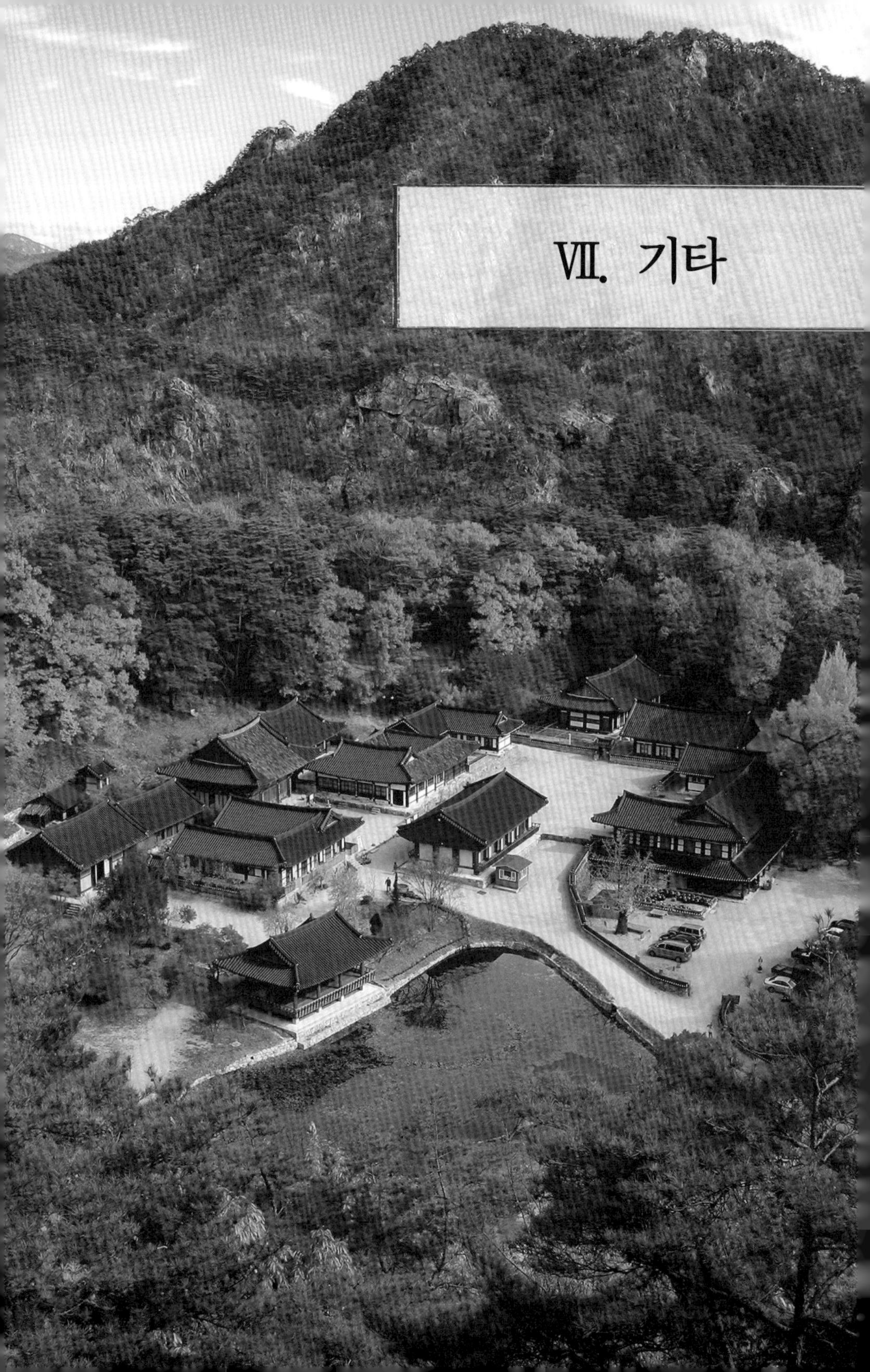

Ⅶ. 기타

1. 재산대장(국립중앙박물관 소장본, 조선총독부 관보)

1) 1920년대 전후 재산대장(국립중앙박물관 소장)[1]

佛影寺 불영사	月精寺 末寺 월정사 말사	江原道 蔚珍郡 西面 강원도 울진군 서면		
名稱 명칭	品質 품질	數量 수량	其ノ他重要事項 기타중요사항	摘要 적요
釋迦像 석가상		2位		
文殊像 문수상		1位		
普賢像 보현상		1位		
彌陀像 미타상		1位		
觀音像 관음상		3位		
勢至像 세지상		1位		
地藏像 지장상		1位		
道明像 도명상		1位		
無毒像 무독상		1位		
十王像 시왕상		10位		
判官像 판관상		2位		
錄司像 녹사상		2位		

1 동일한 내용의 필사본이 동국대학교 도서관에 소장되어 있다(『朝鮮寺刹貴重財産目錄 20 - 月精寺』).

佛影寺 불영사	月精寺 末寺 월정사 말사	江原道 蔚珍郡 西面 강원도 울진군 서면		
將軍像 장군상		2位		
童子像 동자상		8位		
彌勒像 미륵상		1位		
伽羅像 가라상		1位		
大梵像 대범상		1位		
帝积像 제석상		1位		
使者像 사자상		2位		
義湘像 의상상		1位		
独聖像 독성상		2位		
羅漢像 나한상		16位		
后佛幀 후불탱		6位		
三藏幀 삼장탱		1位		
七星幀 칠성탱		1位		
独聖幀 독성탱		1位		
山神幀 산신탱		2位		
現王幀 현왕탱		1位		
神衆幀 신중탱		4位		
義湘祖師影像 의상조사영상		10位		

佛影寺 불영사	月精寺 末寺 월정사 말사	江原道 蔚珍郡 西面 강원도 울진군 서면		
達摩像 달마상		1位		
無影塔 무영탑		1位		
養生堂碑 양생당비		1座		
養生堂浮屠 양생당부도		1坐		
寺蹟 사적		1卷		
華嚴經 화엄경		81卷		
法華經 법화경		7卷		
圓覺經 원각경		10卷		
禪門 선문		2卷		
傳燈錄 전등록		3卷		
彌陀經 미타경		1卷		
大鐘 대종		1座		
金鼓 금고		1座		
小鐘 소종		1口		
佛器 불기		12個		
佛盤 불반		1坐		
佛鉢盂 불발우		3個		
香炉 향로		3座		

佛影寺 불영사	月精寺 末寺 월정사 말사	江原道 蔚珍郡 西面 강원도 울진군 서면		
茶器 다기		3座		
燭台 촉대		3双		
香盒 향합		2座		
鈸羅 발라		1双		
打錚 타쟁		1座		
磬金 경금		2柄		
火炉 화로		4座		
銧金 광금		3個		
哨鑵 초관		1座		
鍮盒 유합		4座		
食鼎 식정		4座		
鍮甑 유증		1座		
四分律 사분률	紙 지	4		
法網經 법망경	〃	1		
受戒儀 수계의	〃	1		
法寶坍經 법보단경	〃	1		
圓覺經 원각경	〃	5		
般若經 반야경	紙 지	2		

佛影寺 불영사	月精寺 末寺 월정사 말사	江原道 蔚珍郡 西面 강원도 울진군 서면		
起信論 기신론	〃	4		
楞嚴經 능엄경	〃	5		
會玄記 회현기	〃	10		
刊定記 간정기	〃	4		
傳燈錄 전등록	〃	10		
拈頌 염송	〃	10		
涅槃經 열반경	〃	2		
準提經 준제경	〃	1		
童子經 동자경	〃	1		
日用集 일용집	〃	1		
淸虛集 청허집	〃	1		
永嘉集 영가집	〃	1		
息重經 식중경	〃	1		
行願品 행원품	〃	1		
書狀 서상	〃	1		
緇門 치문	〃	1		
初念目警文 초념목경문	〃	3		
食器 식기	鍮 유	10		

佛影寺 불영사	月精寺 末寺 월정사 말사	江原道 蔚珍郡 西面 강원도 울진군 서면		
大接 대접	〃	3		
匙子 시자	〃	10		
大釜 대부	鉄 철	2		
斧子 부자	〃	2		
光伊 광이	〃	2		
鎌子 겸자	〃	2		
鋤子 서자	〃	2		

甲號

佛影寺（月精寺末寺）

江原道蔚珍郡西面

名稱	品質	數量	其ノ他重要事項	摘要
釋迦像		二位		
文殊像		一位		
普賢像		一位		
彌陀像		一位		
觀音像		三位		
勢至像		一位		
地藏像		一位		
道明像		一位		

名稱	品質	數量	其ノ他重要事項	摘要
無毒像		一位		
十王像		一〇位		
判官像		二位		
錄司像		二位		
將軍像		二位		
童子像		八位		
補勸像		一位		
伽羅像		一位		
大梵像		一位		

(橫山納)

43

乙號

帝釈像		一位		
使者像		二位		
義湘像		一位		
独聖像		二位		
羅漢像		一六位		
石佛幀		六位		
三藏幀		一位		
七星幀		一位		
独聖幀		一位		
山神幀		二位		

名稱	品質	數量	其ノ他重要事項	摘要
現王幀		一位		
神衆幀		四位		
義湘祖師影像		一○位		
達摩像		一位		
無影塔		一位		
養生堂碑		一座		
〃浮屠		一坐		
寺蹟		一巻		
華嚴經		八一巻		

(横山納)

88

乙號

法華經		七卷
圓覺經		一卷
禪門		二卷
傳燈錄		三卷
彌陀經		一卷
大鐘		一座
金鼓		一座
小鐘		一口
佛器		十二個
佛盤		一坐

86

名稱	品質	數量	其ノ他重要事項	摘要
佛鉢盂	一	三個		
香炉		三座		
茶器		三座		
燭台		三双		
香盒		二座		
鈸羅		一双		
打鉾		一座		
磬金		二柄		
火炉		四座		

(橫山納)

乙號

鈸金		三個
哨鑵		一座
鍮盆		四座
食鼎		四座
鍮甑		一座
四分律	紙	四
梵網經	〃	一
受戒儀	〃	一
法寶壇經	〃	一
圓覺經	〃	五

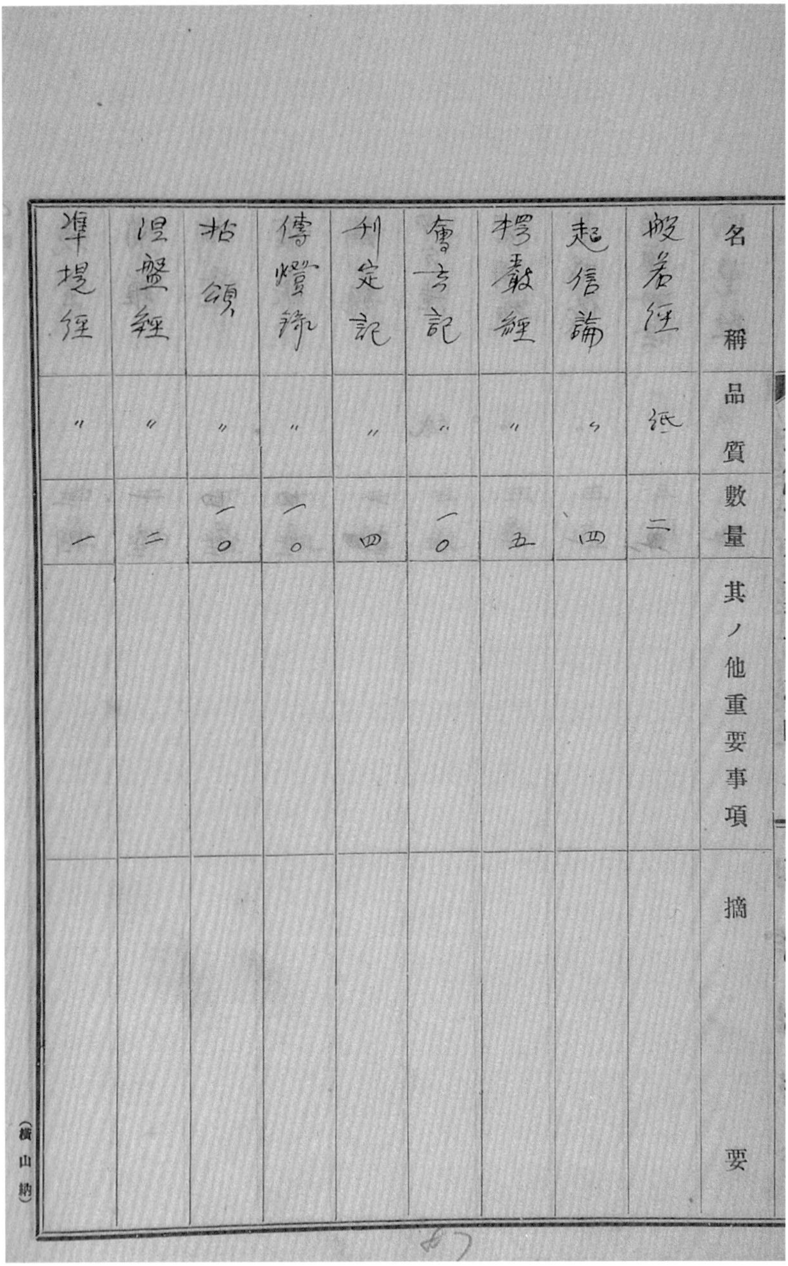

名稱	品質	數量	其ノ他重要事項	摘要
般若經	紙	二		
起信論	〃	四		
楞嚴經	〃	五		
會玄記	〃	一〇		
刊定記	〃	四		
傳燈錄	〃	一〇		
拈頌	〃	一〇		
涅槃經	〃	二		
準提經	〃	一		

(橫山納)

乙號

童子經	〃	一
日用集	〃	一
清虛集	〃	一
永嘉集	〃	一
恩重經	〃	一
行願品	〃	一
書狀	〃	一
緇門	〃	一
初心自警文	〃	三
食器	鍮	一〇

名稱	品質	數量	其ノ他重要事項	摘要
大梃	鍮	三		
匙子	〃	一〇		
大釜	鉄	二		
斧子	〃	二		
光伊	〃	二		
鎌子	〃	二		
鋤子	〃	二		

(横山納)

2) 조선총독부 관보 제 1510호 7면(1932년 1월 22일) 사찰 소유 재산

사찰명 - 강원도 울진군 서면 불영사佛影寺

名稱 명칭	員數 원수	品質 품질	形狀 형상	寸法 촌법	摘要 적요
釋迦如來 석가여래	1	木製塗金 목제도금	坐像 좌상	高 3尺4寸	
同	1	玉製 옥제	同	同 3尺5寸	
文殊菩薩 문수보살	1	木製塗金 목제도금	同	同 2尺9寸5分	
普賢菩薩 보현보살	1	同	同	同 2尺9寸	
獨聖像 독성상	1	土製 토제	同	同 6尺5分	
同	1	同	同	同 1尺	
阿彌陀佛 아미타불	1	木製塗金 목제도금	同	同 4尺1寸3分	
觀世音菩薩 관세음보살	1	同	同	同 3尺4寸6分	
同	1	玉製 옥제	同	同 2尺	
同	1	同	同	同 5寸3分	
大勢至菩薩 대세지보살	1	木製塗金 목제도금	同	同 3尺4寸	
彌勒菩薩 미륵보살	1	玉製 옥제	同	同 2尺5寸5分	
迦羅菩薩 가라보살	1	同	同	同	
後佛幀 후불탱	6	紗製 사제	掛圖 괘도		
三藏幀 삼장탱	1	同	同	高 7尺3寸4分	
七星幀 칠성탱	1	同	同	同 4尺8寸	
現王幀 현왕탱	1	同	同	同 3尺7寸	

名稱 명칭	員數 원수	品質 품질	形狀 형상	寸法 촌법	摘要 적요
神衆幀 신중탱	4	同	同	同	
山神幀 산신탱	2	同	同		
獨聖幀 독성탱	1	同	同	高 3尺6寸`	
義湘幀 의상탱	1	同	同	同 4尺3寸	
元曉幀 원효탱	1	同	同	同 3尺6寸	
淸虛幀 청허탱	1	同	同	同	
禪師影幀 선사영탱	6	同	同	同	
義湘祖師像 의상조사상	1	玉製 옥제	坐像 좌상	同 2尺2寸	
地藏菩薩 지장보살	1	同	同	同 5尺1寸	
道明尊者像 도명존자상	1	同	同	同 4尺1寸	
無毒鬼王 무독귀왕	1	同	立像 입상	同 4尺2寸	
十王 시왕	10	同	坐像 좌상	同 5尺1寸	
判官 판관	2	同	立像 입상	同 4尺	
錄司 녹사	4	同	同	同	
將軍 장군	2	同	同	同 3尺9寸	
使者 사자	2	同	同	同 2尺7寸	
童子 동자	8	同	同	同 1尺5寸	
大梵天王 대범천왕	1	同	坐像 좌상	同 2尺8寸	

名稱 명칭	員數 원수	品質 품질	形狀 형상	寸法 촌법	摘要 적요
帝釋天王 제석천왕	1	同	同	同 2尺9寸	
羅漢 나한	16	同	同	同 2尺4寸	
法起菩薩 법기보살	1	同	同	同 1尺4寸	
大鍾 대종	1	鍮製 유제	圓形 원형	同 3尺6寸	
小鍾 소종	1	同	同	同 4寸5分	
金鼓 금고	1	同	同	同 2尺2寸	
法鼓 법고	1	木, 皮製 목, 피제	同		
木魚 목어	1	木製 목제	魚形 어형		
無影塔 무영탑	1	石製 석제	立形 입형	高 8척	
浮屠 부도	1	同	同	同 6척3촌	
碑石 비석	1	同	同	同 5척2촌	
香爐 향로	3	鍮製 유제	圓形 원형	同 5촌1분	
燭臺 촉대	3	同	立形 입형	同 9촌3분	
鍮甑 유증	1	同	圓形 원형	同 1척1촌	

名稱	員數	品質	形狀	寸法	摘要
觀音菩薩	一	木製塗金	坐像	同　一尺五寸	
後佛幀	一	紗製	掛圖	同　二尺八寸	
山神幀	一	同	同	同　三尺	
神衆幀	一	同	同	同　四尺三寸	
祖師影幀	二	同	同	同　三尺	
小鐘	一	鍮製	圓形	同　一尺	
香爐	一	同	同	同　七寸	
燭臺	一	同	立形	同　一尺一寸	

寺刹名　江原道蔚珍郡西面佛影寺

貴重品

名稱	員數	品質	形狀	寸法	摘要
釋迦如來	一	木製塗金	坐像	高　三尺四寸	
同	一	玉製	同	同　三尺五寸	
文殊菩薩	一	木製塗金	同	同　二尺九寸五分	
普賢菩薩	一	同	同	同　二尺九寸	
獨聖像	一	土製	同	同　六寸五分	
同	一	同	同	同　一尺	
阿彌陀佛	一	木製塗金	同	同　四尺一寸三分	
觀世音菩薩	一	同	同	同　三尺四寸六分	
同	一	玉製	同	同　二尺	
同	一	同	同	同　五寸三分	
大勢至菩薩	一	木製塗金	同	同　三尺四寸	
彌勒菩薩	一	玉製	同	同　二尺五寸五分	
迦羅菩薩	一	同	同	同	
後佛幀	六	紗製	掛圖		
三藏幀	一	同	同	高　七尺三寸四分	
七星幀	一	同	同	同　四尺八寸	
現王幀	一	同	同	同　三尺七寸	
神衆幀	四	同	同	同	
山神幀	二	同	同		
獨聖幀	一	同	同	高　三尺六寸	
義湘幀	一	同	同	同　四尺三寸	
元曉幀	一	同	同	同　三尺六寸	
清虛幀	一	同	同	同	
先師影幀	六	同	同	同	
義湘祖師像	一	玉製	坐像	同　二尺二寸	
地藏菩薩	一	同	同	同　五尺一寸	
道明尊者像	一	同	同	同　四尺一寸	
無毒鬼王	一	同	立像	同　四尺二寸	
十王	一〇	同	坐像	同　五尺一寸	
判官	二	同	立像	同　四尺	
錄司	四	同	同	同	
將軍	二	同	同	同　三尺九寸	
使者	二	同	同	同　二尺七寸	
童子	八	同	同	同　一尺五寸	
大梵天王	一	同	坐像	同　二尺八寸	
帝釋天王	一	同	同	同　二尺九寸	

名稱	員數	品質	形狀	寸法	摘要
羅漢	一六	同	同	同　二尺四寸	
法起菩薩	一	同	同	同　一尺四寸	
大鐘	一	鍮製	圓形	同　三尺六寸	
小鐘	一	同	同	同　四寸五分	
金鼓	一	同	同	同　二尺二寸	
法鼓	一	木、皮製	同		
木魚	一	木製	魚形		
無影塔	一	石製	立形	高　八尺	
浮屠	一	同	同	同　六尺三寸	
碑石	一	同	同	同　五尺二寸	
香爐	三	鍮製	圓形	同　五寸一分	
燭臺	三	同	立形	同　九寸三分	
鍮甁	一	同	圓形	同　一尺一寸	

寺刹名　江原道蔚珍郡溫井面廣興寺

貴重品

名稱	員數	品質	形狀	寸法	摘要
觀音菩薩	一	土製塗金	坐像	高　一尺五寸	
後佛幀	一	紗製	掛圖	同　三尺二寸	
地藏幀	一	同	同	同　四尺一寸	
神衆幀	一	同	同	同　二尺二寸	
現王幀	一	同	同	同　一尺八寸	
山神幀	一	同	同	同　二尺七寸	
寶塔	一	石製	立形		
浮屠	三	同	同	高　四尺五寸	
奇巖碑	一	同	同	同　五尺	
紀蹟碑	一	同	同	同　五尺	

寺刹名　江原道旌善郡東面淨巖寺

貴重品

名稱	員數	品質	形狀	寸法	摘要
慈藏祖師袈裟	一	錦製			
七星幀	三	紙製	掛圖	高　十八尺	
神衆幀	二	同	同	同　二十一尺	
山神幀	一	同	同	同　五尺	
中鐘	一	鍮製	圓形		
獅子香爐	四	同	同		
燭臺	四	同	立形	高　八寸八分	
打錚	一	同	圓形	同　三寸	

寺刹名　江原道寧越郡寧越面報德寺

貴重品

名稱	員數	品質	形狀	寸法	摘要
阿彌陀佛	一	木製塗金	坐像	高　三尺七寸	
觀世音菩薩	一	同	同	同　三尺	
大勢至菩薩	一	同	同	同　三尺	
地藏菩薩	一	土製塗金	同	同　一尺二寸	
釋迦牟尼佛	一	木製塗金	同	同　三尺二寸	
彌勒菩薩	一	同	同	同　二尺九寸	
端羅菩薩	一	同	同	同　二尺九寸	

참고문헌

문헌자료

『조선사찰사료』, 조선총독부, 2010.

「成造雜物器用有功化主錄」, 『佛國寺誌(外)』, 아세아문화사.

신대현, 「(경북 울진 불영사의) 佛影寺重創記」, 『여성불교』 277, 2002.6.

崔錫鼎, 「佛影寺養性堂禪師惠能浮屠碑」, 1738.

『朝鮮寺刹貴重財産目錄』 20, 月精寺, 1940(동국대학교. 도서관 소장)

단행본

최선일, 『조선후기승장인명사전-佛教彫塑』, 양사재, 2007.

최선일, 『조선후기 조각승과 불상 연구』, 경인문화사, 2011.

논문

강현미,최송현, 「울진군(경북) 불영사계곡지역의 현존식생 및 식생구조」, 『한국환경생태학회지』 22-1, 2008.

김명환, 「설화가 깃든 산사 기행/울진 천축산 불영사 향기로운 절, 청정계율의 향기로운 내력」, 『(월간)불광』 356, 2004.6.

김윤희, 「17세기 화승 철현 作 시왕도 연구」, 『불교미술사학』 15, 2013.

송은석, 「울진 불영사의 불상과 조각승: 尙倫, 卓密」, 『동악미술사학』 17, 2015.6.

심현용, 「천축산 불영사의 신자료 고찰」, 『佛教考古學』 5, 2005.

심현용, 「불영사 佛輦」, 『미술자료』 72,73, 2005.

안승홍·홍윤순·김학범, 「불영사계곡의 명승 지정구역 조정 및 현상변경 방안 연구」, 『한국조경학회지』 37-6, 2010.

오세덕, 「울진 불영사 대웅보전의 특징과 건축술」, 『문화재』 47-1. 2014.

이중효·홍성천, 「불영사 계곡 일대 소나무림의 군락 유형과 개체군 동태」, 『한국임학회지』 93-1, 2004.
전유태·정상철, 「불영사 응진전 수리보고」, 『문화재』 17, 1984.
정명희, 「『造成雜物器用有功化主錄』과 불영사의 불교회화」, 『미술자료』 86, 2014.
정욱, 「울진 불영사 회주 일운 스님」, 『봉녕』 27, 봉녕사승가대학.
조태건, 「17세기 후반 조각승 승호 作 시왕상 연구」, 『불교미술사학』 12, 2011.
최응천, 「불영사 소장 불연과 불전패에 관한 고찰」, 『강좌미술사』 48, 2017.
진홍섭, 「新羅北岳太白山遺蹟調查報告 5」, 『한국문화연구원 논총』 38, 1981.

학위논문

정빛나, 「울진 불영사의 불화 연구」, 홍익대학교 대학원, 2016.
금종윤, 「신라고찰 천축산 불영사의 풍수지리적 고찰」, 영남대학교 환경보건대학원, 2017.

사이트

한국고전번역원(http://itkc.or.kr)

Ⅷ. 울진 천축산 불영사의 연혁

(심현용, 울진 봉평리 신라비 전시관 관장)

Ⅰ. 머리말

천축산天竺山 불영사佛影寺는 울진 중심지인 울진군청에서 서남쪽으로 직선거리 약 12.8km 떨어져 있는 곳에 위치한다. 행정적으로는 경북 울진군 금강송면 하원리 120번지(불영사길 48) 일원이다. 이 불영사는 그 역사를 말해주듯이 지금도 오래된 고건축물들과 수많은 유물들이 남아있다. 하지만 천년 고찰이라 전해오는 유구한 역사성에 비해 학계의 주목을 받지 못하여 불영사에 대해 개설서적인 조사가 이루어 졌을 뿐[1] 아직까지 자세한 연구는 진행되지 않은 상태이다.

불영사는 원래 강원도 월정사에 소속된 사찰(1912년 10월 24일 허가)이었으나, 지금은 대한조계종 제11교구 본사 불국사의 말사로 되어 있다. 이는 강원도에 소속되어 있던 울진군이 1963년 1월 1일부로 행정체계가 경

---

1 전유태·정상철, 1984, 「불영사 응진전 수리보고」『문화재』 17, 문화재관리국 ; 문화공보부 문화재관리국, 1984, 『울진불영사응진전수리보고서』; 문화재관리국, 1991, 「불영사의 동자상」『전국사찰소장동자상조사보고서』; 문화재청, 2000, 『불영사 대웅보전 실측조사보고서』; 장기영, 2003, 「울진지역 사찰의 주련에 대하여 - 불영사와 동림사 -」『사향』창간호, 울진문화원 부설 울진역사연구소 ; 심현용, 2005, 「불영사 불연」『미술자료』 72·73, 국립중앙박물관 ; 심현용, 2005, 「석조물로 본 울진지역 불교문화」『박물관지』 11(2004), 강원대학교중앙박물관 ; 심현용, 2005, 「천축산 불영사의 신자료 고찰」『불교고고학』 5, 위덕대학교박물관 ; 심현용, 2008, 「울진지역의 불교문화 연구」『경주문화연구』 10, 경주대학교문화재연구원 ; 불교문화재연구소, 2008, 「불영사」『한국의 사찰문화재』전국사찰문화재일제조사(경상북도Ⅱ), 문화재청 ; 김순아, 2009, 「울진 불영사 불연 고찰」『울진사향』 2, 울진문화원 울진향토사연구회 ; 심현용, 2009, 「울진 불영사 신중탱화」『울진사향』 2, 울진문화원 울진향토사연구회 ; 성보문화재연구원, 2010, 「울진 불영사 대웅보전」·「울진 불영사 응진전」『한국의 사찰벽화』 사찰건축물 벽화조사보고서(대구광역시·경상북도1), 문화재청 ; 신대현, 2010, 『천축산 불영사』한국의 명찰 시리즈 6, 재단법인 대한불교진흥원.

상북도로 이관되면서 불영사도 경상북도 경주 불국사의 말사가 되었다. 또한 1968년부터 여자승녀 도량인 비구니 수행도량으로 사격寺格이 변경되었다. 또한 울진에서 유일하게 전통사찰로 지정되어 있다.

이 글에서는 천축산 불영사의 창건과 울진지역에 불교가 들어오는 시기, 그리고 불영사 사찰명의 변천, 불영사의 가람배치를 살펴보기로 하겠다.

Ⅱ. 천축산 불영사의 창건

불영사의 역사를 살펴볼 수 있는 가장 오래된 기록 자료는 고려 공민왕 19년(1370) 8월에 한림학사 유백유柳伯儒가 남긴 다음의「천축산 불영사기」[2]이다.

천축산 불영사기

신라 옛 비석에 의하면 당나라 영휘 2년(651)에 의상법사가 동경(경주)에서 해변을 따라 단하동에 들어와 해운봉에 올라 북쪽을 바라보고 감탄하기를 서역 천축산을 바다를 건너 만들어 놓은듯 하며, 또한 시냇물 위에는 다섯 부처님의 영상이 비춰니 더욱 기이하고나 하류로 내려와 금탑봉에 오른즉 그 아래에 독룡이 있는 못이 있는지라 법사가 용에게 설법하여 사찰 지을 땅을 베풀기를 청하였으나 용이 따르지 아니하므로 법사가 신통력 있는 주술을 강하게 부리자, 용이 갑자기 분을 발하여 산에 구멍을 내고 돌을 깨뜨리며 사라졌다. 법사는 즉시 사찰 건립을 위해 못을 메우고, 동편에 청령전 3

2 문화재청, 2000,『불영사 대웅보전 실측조사보고서』, 57~58쪽.
이「천축산 불영사기」(1370)는 조선총독부, 1980(1968),『조선사찰자료』하, 보련각, 38~39쪽과 권상노, 1979,『한국사찰전서』상, 동국대학교출판부, 569쪽 및 불영사에 있었던『蔚珍佛影寺事蹟』의「천축산 불영사기」(1370)에 실려 있다.

칸과 무영탑 하나를 건립하였으며 땅을 비보하는 뜻으로 천축산 불영사라 편액하였다.

법사가 의봉儀鳳(676~678) 초에 서산에 들어가 부석사, 각화사 등의 사찰을 창건하고 15년간 천하를 돌다가 어느날 불영사로 돌아오는데 선사촌에 이르자 한 노인이 우리 부처님이 돌아온다(佛歸)고 기뻐하였다. 이때부터 마을 사람들이 절이 백암산 자락에 있으므로 백암산 불귀사라 속칭하는 것이 바로 이 절이라.

동편 삼각봉 아래 좌망대가 있고 오룡대 남편에 향로봉, 청라봉, 종암봉이 있고, 서편에는 부용성 학소대, 북에는 금탑봉, 의상대, 원효굴, 용혈사 등이 모두 승경이라. 법사가 9년을 머물렀으며, 원효법사 역시 유람하다가 두 법사 모두 낙산의 참대비상을 인하여 금강산 마하연에 자리 잡았다고 이른 곳이 바로 천축산 불영사이다. 법사는 처음으로 옛 이름으로 명칭하였으나 백암산 불귀사라 한 것은 후인이 법사를 추모하여 부르는 새로운 이름이다. 고로 산과 절이 함께 두 가지 이름이 있으니 지금 사람 대부분이 옛 이름을 버리고 새 이름을 따르는 것은 성스러운 뜻을 거슬림이 심한 것이다. 화엄론에서는 의상법사가 과거 금산 보개여래의 후신이라 하였고, 원효법사는 현재 화엄의 대권보살의 지위에 있다. 따라서 이 두 성인이 거처하였은 즉, 승려들에게 이름 그대로 귀하고 중하므로 지금의 사람들은 불가불 살펴보아야 하겠다.

홍무 3년(1370) 경술 8월 일 한림학사 유백유 지음.

그런데, 1370년에 이와 거의 동일한 한림학사 유백유가 남긴 「천축산 불영사 시창기」[3]가 있다.(사진 1)

---

3 울진문화원, 2012, 『울진의 금석문』, 548~551쪽.
이 「천축산 불영사 시창기」(1370)는 현판(사진 1)으로 불영사에 소장되어 있다. 이 현판의 재질은 나무이며, 크기는 너비 98.2 × 높이 41.8cm이고, 글씨는 검은색 바탕 널에 음각하여 흰색을 칠하였다. 현판의 원문은 1370

〈사진 1〉 천축산 불영사 시창기 현판

천축산 불영사 시창기

신라 고비古碑에, 당나라 영휘永徽 2년(651)에 의상법사가 동경東京에서 동해東海를 따라 단하동丹霞洞에 들어와 해운봉海雲峰에 올라 북쪽을 바라보고 감탄하기를, "서역 천축산의 형상을 바닷가에 옮겨놓은 것과 흡사하구나."라고 했다. 또 물 위에 다섯 부처 그림자가 생긴 것을 보고 더욱 기이하게 여기고 지류를 찾아 내려와 금탑봉金塔峰에 오르니, 아래에 독룡毒龍이 사는 연못이 있었다. 법사가 용에게 설법하고 땅을 시주하여 사찰을 세울 것을 청하니 용은 여전히 따르지 않았다. 법사가 강하게 신통력으로 주문을 거니 이에 용이 발분하여 산을 뚫고 돌을 깨고 떠나갔다. 법사는 곧 연못을 메우고 사찰을 건립하였다. 진방震方에 특별히 청령전靑蓮殿 3칸과 무영탑 1개를 세워 그것을 비보裨補하고 '천축산 불영사天竺山 佛影寺'라고 편액하였다. 법사는 의봉儀鳳(676~678) 초기에 또 서쪽 산으로 들어가 부석사와 각화사 등을 세우고 15년간 두루 돌아다녔다. 어느 날 다시 불영사로 돌아오다가 선사촌仙槎村에 이르니 어떤 노인이 기뻐하며, "우리 부처님이 돌아오셨구나."라고 하였다. 이로부터 마을 사람들은 불귀사佛歸寺라고 전하였다.

천축산은 백두산에 뿌리를 두고 있기 때문에 세속에서 또한 백두산이라

년의 것이나, 현판 제작 시기는 조선 후기로 추정된다.

고 부른다. 또 이 절에는 동쪽에 청라봉靑螺峯과 삼각산三角山이 있고 삼각산 아래에 좌망대坐忘臺와 오룡대가 있다. 남쪽에 향로봉香爐峯과 종암봉鐘巖峯이 있고, 서쪽에 부용성芙蓉城이 있고, 북쪽에 금탑봉, 학소鶴巢, 용혈龍穴이 있는데, 모두 불영사의 승경이다. 법사가 9년간 머무르니 원법사가 또한 종유하였다. 얼마 뒤 두 법사가 함께 낙산사에 가서 대자상(大慈像에 참배하고, 금강산에 들어가 마하연摩訶衍에서 결제結制하였다고 한다. 그렇다면 천축산 불영사는 법사가 처음 생각했던 천축이라는 옛날 명칭이고, 백두산 불귀사는 후인이 법사를 추모한 새로운 명칭이다. 그러므로 산과 절이 각각 두 개의 명칭이 있다. 지금 사람은 대부분 옛 명칭을 버리고 새 명칭을 따르니 그것은 의상법사의 뜻을 저버림이 심하도다.

화엄론에 이르기를, 의상법사는 과거 금산보개金山寶蓋의 여래如來 후신이다. 원효법사는 현재 화엄지위華嚴地位의 대권大權 보살이다. 이 때문에 이 두 법사가 머물렀던 곳이면 총림叢林의 이름이 진실로 귀하고 또 중요한 것이다. 지금 사람은 더욱 살피지 않을 수 없다.

홍무 3년(1370) 경술 8월 일 한림학사 유백유柳伯儒 지음.

〈표 1〉 신라~고려시대 불영사의 주요 연혁

시 기	내 용	사 료
651 (신라 진덕여왕 5)	의상스님이 천축산 불영사 창건, 청련전·무영탑 건립	천축산 불영사기(1370)/ 천축산 불영사 시창기(1370)/ 강원도 울진군 천축산 불영사 사적비기(1933)
	의상스님이 천축산 불영사 창건	불영사 중창기(1611)/ 울진 천축산 불영사 영산전 중창상량문(1716)/ 천축산 불영사 영산전 상량문(1843)/ 강원도 울진군 서면 천축산 불영사 적묵당 창설선원기(1933)
666 (신라 문무왕 6)	'백암산 불귀사'로도 불림	천축산 불영사 시창기(1370)

시 기	내 용	사 료
1370 (고려 공민왕 19)	대부분 '천축산 불영사'보다는 '백두산(또는 백암산) 불귀사'라는 명칭을 사용	천축산 불영사기(1370)/ 천축산 불영사 시창기(1370)

위의 〈표 1〉을 살펴보면, 1370년 8월 한림학사 유백유가 찬한 「천축산 불영사기」와 「천축산 불영사 시창기」가 불영사에 관해 가장 오래된 기록으로 이후 대부분의 기록들은 이를 모방한 것으로 판단된다. 이 유백유의 기록을 요약해 보면, 불영사는 신라 진덕여왕 5년, 즉 651년에 의상스님이 경주에서 동해의 해변을 따라 울진 단하동에 이르러 경치를 살펴보니 서역 천축산을 펼쳐놓은 듯하며, 물 위에는 다섯 부처님의 그림자가 비치니 더욱 기이하여 못에 사는 독룡에게 사찰 지을 땅을 베풀기를 청하였으나, 용이 따르지 않자 주술로 독룡을 물리치고 청련전 3칸과 무영탑 1기를 건립하고 절 이름을 '천축산 불영사'라 하였다고 하는 것이 주 내용이다. 그런데 이 1370년 유백유가 지은 글은 신라의 오래된 비(古碑)를 인용하고 있다. 그러므로 이 글은 신뢰할 수 있는 창건 설화라 하겠으며, 또한 불영사의 창건 시기가 651년이라는 것은 신라시대 고비가 이를 증명하는 것처럼 보인다. 하지만, 여기에는 몇 가지 이해가 되지 않는 문제점을 안고 있다.

첫째, 의상대사 창건과 불영사 창건시기이다.

의상義相(義湘, 義想, 625~702)은 신라 화엄종을 성립시킨 인물로 해동海東 화엄종의 초조初祖로 숭상되고 있다. 그러나 그에 관한 기록이 『삼국유사三國遺事』나 『송고승전宋高僧傳』, 『해동고승전海東高僧傳』, 『화엄법계현경華嚴法界玄鏡』 등 그리 많지 않으며, 또한 단편적인 내용을 담고 있어 자세하지 않다.

그에 대해 간략히 살펴보자. 의상은 625년(신라 진평왕 47)에 태어나 19세(643년, 신라 선덕여왕 12)를 전후한 시기에 경주 황복사皇福寺에 출가하였다. 원효(617~686)와 같이 고구려 승 보덕普德에게서 경전을 전수받기도 하고 고덕高德을 만나고자 산천을 두루 찾아다니기도 하였다. 650년(신라 진덕여왕 4)에는 원효와 입당入唐하려 했으나 뜻을 이루지 못하였고 661년(신라 문무왕 1)에서야 당의 사신을 따라 입당하여 지엄의 문하에서 수학하였다. 670년(신라 문무왕 10)에는 귀국하여 양양의 낙산사를 건립하였으며, 황복사에 주석하면서 불교행사를 주관하였고 676년(신라 문무왕 16)에는 영주의 부석사를 창건하여 태백산 일대를 중심으로 화엄종을 크게 일으켰으며, 만년에는 많은 제자를 거느렸고 702년(신라 성덕왕 1)에 입적하였다[4] 한다. 지금 불영사에는 의상전이라는 의상대사를 모신 전각이 있는데, 이곳에는 의상대사의 상과 진영(사진 2)을 비롯하여 의상과 같이 수행하였다는 원효, 임진왜란 때 의병장으로 유명한 서산대사 등 진영 5점이 봉안되어 있다.

① 의상대사 상　　② 의상대사 진영

〈사진 2〉 의상전 내 의상대사 상과 진영

4 김두진, 1995, 『의상 - 그의 생애와 화엄사상 -』 대우학술총서·인문사회과학 81, 민음사.

불영사는 유백유의 「천축산 불영사기」에 의하면, 651년에 창건되었는데, 이는 의상의 나이 26세 때이다. 전술했듯이 의상은 19세에 경주 황복사에서 출가하여 661년 중국 당나라로 유학을 떠났는데, 이 유백유의 기록대로 651년에 불영사가 창건되었다면 그가 유학을 떠나기 10년 전에 창건한 것이 되어 의상이 최초로 창건한 낙산사(670년 창건)보다 19년이나 빠르게 되며, 또 의상이 출가한지 7년 후에 절을 창건하게 되는 모순점을 낳는다.

특히 의상은 『삼국유사』 권4 의상전교조에서 태백산 부석사, 원주 비마라사, 가야산 해인사, 비슬산 옥천사, 금정산 범어사, 남악 화엄사 등 화엄십찰華嚴十刹을 창건했다 하고, 최치원의 『법장화상전法藏和尙傳』에서는 공산 미리사, 가야산 보광사, 가야협 보원사, 계룡산 갑사, 무산 국신사, 부아산 청담사 등 6개의 사찰이 더 확인되나 모두 울진의 천축산 불영사는 확인되지 않는다.

〈사진 3〉 불영사 삼층석탑

그럼 불영사에 남아 있는 유물로 창건 시기를 살펴보자. 현재 불영사에서 가장 오래된 유물은 삼층석탑(사진 3)으로 대부분 석탑은 사찰이 창건될 때 건립된다. 그러므로 석탑은 절의 창건 시기를 추정하는데 귀중한 유물이 된다.

이 불영사 삼층석탑은 경북도 유형문화재 제135호로 지정(1979. 1.25.)되어 있는데, 2층 기단을 구비한 평면 방형의 일반형 삼층석탑으로 재질은 편마암이며, 현고 3.21m이다.

① 1960년대

② 1970년 중반

〈사진 4〉 황화실 옆 동쪽에 있는 석탑

이 탑은 그동안 황화실의 동쪽에 세워져 있던 것을 1977년 지금의 자리인 대웅보전 앞 남쪽으로 이전·복원하였다. 이는 이전의 사진(사진 4)에서도 확인된다.[5] 당시 일휴 주지스님(2013년 입적)은 석탑의 일부 부재가 대

5 〈사진 4〉와 후술하는 〈사진 9〉는 이명동씨(1966년생, 남, 경북 울진군 죽변면 죽변5리 266번지 하예빌라 102호)가 제공하였다. 이명동씨계 지면을 빌어 깊은 감사를 드린다.

웅보전 기단 주변에 흩어져 있던 것을 모아 복원하였다고 한다. 그리고 1층 탑신석 상면 가운데에는 경전이 들어갈 정도로 큰 원형 사리공이 있었다고 한다. 그런데 2007년 원래 탑이 있었던 황화실 옆 동쪽에 전시관 겸 수장고를 짓기 위하여 터파기를 하였는데, 이때 탑이 있었던 위치에 탑을 설치한 기초 유구가 확인되지 않았다. 이로보아 원 위치라고 생각했던 황화실 옆도 후대에 옮겨진 것으로 판단된다.

이 탑의 구조를 자세히 살펴보자. 기단부는 상하 2층의 기단으로 되어 있으며, 지대석은 새로 만들어 넣었다. 하층 기단 면은 4매의 판석으로 조립되었는데, 하층기단 저석과 함께 붙여서 한 돌로 만들었다. 각 면석에는 양 우주와 탱주 1주를 모각하였다. 하층기단 갑석은 4매의 석재로 조립하였으며, 윗면의 경사는 심한 편이고 경사가 있는 상부에는 각호각형 3단의 상층기단 받침이 조출되어 있다. 하부에는 부연이 없다. 상층 기단 면석도 4매의 판석으로 조립되었다. 각 면석에는 양 우주와 탱주 1주를 모각하였다. 상층 기단 갑석은 2매의 석재로 구성되었으며, 남쪽과 서쪽 갑석 끝이 파손되었다. 윗면의 경사는 약하고 상부에는 각호각형 3단의 초층 탑신받침이 조출되었으며 하부에 부연이 없다. 탑신부는 3층으로 이루어졌으며, 탑신석과 옥개석이 각각 별도의 돌로 구성되었다. 각 층 탑신석의 각 면에는 양 우주가 모각되었고 옥개석 받침도 각 층 모두 각형 4단이다. 각 층 옥개석 지붕에는 각호형 2단의 탑신받침이 조출되었으며, 옥개석의 낙수면 경사는 약간 급하며 처마 밑은 수평이고 추녀는 수평을 이루다가 전각에 이르러 날렵한 반전을 보인다. 탑신석의 높이는 위로 올라가면서 급격히 줄었다. 상륜부는 노반은 없고 앙화(뒤집혀 있음), 보개, 복발, 보륜, 보주의 순으로 되어 있는데, 순서가 바뀌어져 있다. 상륜부의 재질이 아래 구성된 탑신부·기단부와 다르다.

이 석탑의 건립 시기는 불영사가 창건되었다고 전하는 651년[6], 통일신

---

6 전유태·정상철, 1984, 「불영사 응진전 수리보고」『문화재』 17, 문화재관리국, 77쪽 ; 문화공보부 문화재관리국, 1984, 『울진불영사응진전수리보고

라[7], 통일신라 후기[8], 나말여초[9] 또는 고려시대[10]로 보는 견해가 있다. 그러나 부연이 없는 등 신라석탑의 전형양식을 잘 계승한 고려 초[11]로 보는 것이 타당할 것 같다. 또한 이 지역을 조사해도 아직 석탑보다 빠른 삼국 또는 통일신라의 토기를 찾지 못하였다. 그러므로 불영사의 창건 시기는 고려 초로 늦추어 볼 수 있으며, 의상이 처음으로 청련전 1동과 석탑 1기를 건립한 것으로 보아 당시 사찰의 규모는 그리 크기 않은 작은 암자 정도였던 것으로 보인다.

둘째, 의상은 인도에 갔다 왔는가?

의상이 이곳을 지나다가 해운봉에 올라 산세가 인도의 천축산과 닮았다 하여 똑같이 '천축산'이라 이름지었다고 유백유의 「천축산 불영사기」에 기록되어 있다.

그렇다면 의상은 인도에 갔으며, 또한 가서 천축산을 보았다는 이야기가 된다. 즉 인도 천축산의 산세를 알기에 이곳 산세가 그 산과 닮았다고 하였던 것이다. 하지만 아직까지 학계에서 의상대사가 인도가 갔다 왔다는 이야기는 역사적으로 확인된 바가 없다. 그러므로 이러한 전설은 그대로 따르기 어렵다. 불영사 주변 지형도에는 불영사의 동남쪽으로 약 2.5km 떨어져 있는 해발 653미터의 산을 '천축산(해운봉)'이라고 기재되어 있으며, 주민들은 지금도 이 산을 천축산이라 부르고 있다.

서』, 5쪽 ; 주웅영, 2001, 『울진군지』 상, 울진군, 508쪽.

7 경상북도문화재연구원, 2004, 『문화유적 분포지도 -울진군-』, 282쪽.

8 사찰문화연구원, 2001, 『경북의 전통사찰 Ⅲ』전통사찰총서 16, 486~487쪽.

9 진홍섭, 1981, 「신라북악태백산 유적조사보고(五)」 『한국문화연구원 논총』 38, 이화여자대학교출판부, 304~306쪽.

10 불교문화재연구소, 2008, 『한국의 사찰문화재』전국사찰문화재일제조사 경상북도Ⅱ, 문화재청, 307쪽.

11 정영호, 1973, 「울진 왕피천의 저녁노을」 『박물관신문』 25호(1973년 1월호) 4면 ; 심현용, 2005, 「석조물로 본 울진지역 불교문화」 『박물관지』 11(2004), 강원대학교중앙박물관, 97~98쪽 ; 심현용, 2008, 「울진지역의 불교문화 연구」 『경주문화연구』 10, 경주대학교문화재연구원, 166~167쪽.

이렇게 앞에서 살펴본 두 가지의 문제만 보더라도 불영사의 창건 시기와 창건 설화를 그대로 믿고 따르기는 어렵다. 하지만, 불영사가 의상과 직접적인 관련이 없다 하더라도 화엄종 세력이 태백산 일대의 중심에서 점점 전국적으로 확산되어 가는 과정에서 생긴 사찰로 보면 어떨까? 즉, 의상이 태백산 일대를 중심으로 화엄종을 크게 일으키며 많은 제자를 거느린 역사적 사실에 주목해 보자.

울진 불영사는 태백산 일대에 위치해 있는 곳으로 의상이 제자와 더불어 화엄종을 전파할 때 의상 또는 그의 제자와 어떠한 인연을 맺거나 그의 제자가 창건한 절이 아닌가 추측해 볼 수 있다. 이후 세월이 흐르면서 울진의 주변에 있는 영주 부석사와 양양 낙산사의 의상 창건 역사를 당겨올 가능성이 높다. 이는 일반적으로 전설이나 설화가 어느 정도 역사성을 포함하고 있으면서 윤색되고 좀 더 과장되는 점과 상통한다 하겠다.

한편, 불영사의 단편적 창건 설화를 통해서 역사적인 귀중한 사실을 재발견할 수 있다.

첫째, 불영사가 있는 이곳의 옛 지명을 살펴볼 수 있다.

불영사 일주문에서 걸어들어 오다 보면 가운데쯤 큰 너럭바위에 '단하동천丹霞洞天'이라 는 글씨가 음각되어 있다.(사진 5) 이는 '신선이 노니는 곳'이란 뜻으로 불영사 경내 만이 부처님이 사는 것이 아니라 불영계곡 구비 구비 부처님이 계신 곳이라 이곳은 부처님의 세상이란 뜻이다. 즉 이로써 앞에서 살펴본 유백유의 「천축산 불영사기」에 의상법사가 경주에서 해변을 따라 단하동에 들어왔다고 하는 곳이 바로 이 곳임을 알 수 있다. 이러한 예는 경남 산청군 단속사斷俗寺의 입구에서도 확인되는데, 이 절의 입구에 '광제암문廣濟嵒門'이란 글씨[12]가 있다. 이렇게 절에서는 대문격인 입구에 글을 새겨 놓아 드나드는 사람들로 하여금 의미를 더하게 만들기도 한다.

12 '광제암문(廣濟嵒門)'이란 많은 사람을 도와 이롭게 한다거나 넓게 깨달음을 얻게 한다는 뜻으로 부처님의 세상에 들어가는 입구에서 마음을 정제하거나 그렇게 살라는 의미로 풀이 된다.

〈사진 5〉 단하동천 각석문

둘째, 불영사 주변의 산세를 살펴볼 수 있다.

유백유의 「천축산 불영사기」에는 '시냇물 위에는 다섯 부처님의 그림자가 비취니 더욱 기이하고나'하는 구절이 나온다. 그런데, 이 글에 나오는 다섯 부처는 지금도 절 서쪽 산 정상에서 확인된다.(사진 6) 절 이름이 '불영사佛影寺'라 한 것은 바로 여기서 유래된 것이며, 서편에 부처님의 형상을 한 바위가 지금도 있어 그 그림자가 지금 불영사에 있는 연못인 '불영지佛影池'에 비치고 있다.(사진 7) 또 독룡이 있었던 못도 바로 불영지인 것이다. 그리고 의상이 해운봉에 올라 인도의 천축산을 닮았다 한 산은 지금 불영사의 동남쪽에 있는 천축산이며, 용이 분하여 산을 뚫고 돌을 부수며 떠났다는 흔적은 지금 '불영계곡'이라 부르는 계곡으로[13] 남아있다.

13 이중 계곡의 일부 면적이 국가지정 문화재 명승 제6호 '울진 불영사계곡 일원'으로 1979년 12월 11일 지정되었으며, 또 문화재 지정구역을 포함한 일부 면적은 군립공원 '불영계곡'으로 1983년 10월 5일 지정되었다.

〈사진 6〉 서쪽 산 위의 부처바위(동→서)

〈사진 7〉 연못에 비친 부처바위의 그림자

Ⅲ. 울진지역의 불교 수용 시기

우리나라에는 삼국시대에 불교가 수용되었는데, 먼저 고구려에 의해 소수림왕 2년(372)에 받아들여졌으며, 백제는 침류왕 1년(384)에, 신라는 고구려로부터 눌지왕(417~458)때에 전래되어 법흥왕 14년(527)에야 비로소 국가에서 공인을 하게 된다. 그러나 이러한 역사적 배경이 중앙에서 먼 울진지방에 이르기까지, 그리고 전국으로 전파되려면 상당한 시간이 소요되었을 것이다. 그렇다면, 울진지역에는 언제 불교가 들어왔을까?

불교수용에 관한 자료들은 울진지역에 구비전승되거나 사적기에 기록된 사찰의 창건 시기로서 가장 먼저 파악할 수 있을 것이다.

울진지역에는 불영사[14]를 비롯하여 대흥사·신흥사[15]는 신라 때 의상대사가 창건하였다 라든가, 대천사[16]는 신라시대에, 청암사·광대사[17] 및 장재사[18]는 고려시대에 창건되었다 등이 전해지고 있다. 이에 의하면, 주로 신라시대에 사찰이 창건되었다고 전하나, 이들 사찰 또는 사지(寺址)에는 아직까지 신라시대의 유물과 유적이 발견되지 않고 있다. 그리고 전국적

---

14 『신증동국여지승람』(1530) 권45 울진현 불우조와 『동국여지지』(1656) 권7 울진현 사찰조 및 『대동지지』(1864) 권16 강원도 울진 산수조에는 '불귀사(佛歸寺)'로 신라 때 의상이 창건하였다고 기록되어 있으나, 『울진군지』(1939) 상 사찰조와 『강원도지』(1941) 권5 사찰 울진편에는 '불영사(佛影寺)'로 신라 진덕왕 5년(651)에 의상이 창건하였다고 한다. 필자는 불영사(=불귀사)가 의상대사와 관련은 있을 수 있으나, 의상이 창건하였다는 연기설화와 진덕여왕 5년(651)에 창건되었다는 것은 그대로 믿기 어렵다.

15 남석화 등, 1939, 『울진군지』 상 사찰조 ; 김본기·강원도지간행소, 1941, 『강원도지』 권5 사찰 울진편.

16 남석화 등, 1939, 『울진군지』 상 사찰조 ; 김본기·강원도지간행소, 1941, 『강원도지』 권3 고적명소 울진편.

17 남석화 등, 1939, 『울진군지』 상 사찰조 ; 김본기·강원도지간행소, 1941, 『강원도지』 권3 고적명소 울진편.

18 남석화 등, 1939, 『울진군지』 상 사찰조.

으로 조사되는 구비전승이나 사찰 전래 기록의 경우, 대부분의 사찰이 창건 시기를 올리고 있어 그 신빙성에 많은 문제점이 있다. 이러한 점은 울진지역도 마찬가지여서 앞에서 거론한 창건 시기들을 그대로 믿을 수가 없는 실정이다. 그러므로 막연한 구비전승으로 울진지역의 불교수용시기를 추론하는 것은 많은 무리가 따른다.

그런데, 이 지역의 불교 수용시기와 토속적인 신앙에 대해 살펴볼 수 있는 중요한 단서가 다음의 사료에서 확인된다.

> ① 보천은 늘 신령한 계곡의 물을 떠서 마셨다. 만년에 육신이 공중으로 날아 유사강 밖 에 이르러 울진국 장천굴에 머물렀다. (보천은) 아침저녁으로 수구다라니 외우는 것을 일과로 삼았다. 굴의 신이 모습을 드러내어 말하기를 "제가 굴의 신이 된지 2천년이 되었지만, 오늘에야 처음으로 수구다라니를 들었읍니다. 청컨대 보살계를 받고자 합니다"라고 하였다. 이미 (보살계를) 받은 다음날 굴은 또한 형체도 없어졌다. 보천은 놀라고 이상히 여겨 21일을 머물다가 오대산 신성굴로 돌아와서 다시 50년간 수도를 하였다.[19]

> ② 보질도태자는 언제나 계곡의 신령한 물을 마셨는데, 육신이 공중으로 올라가 유사강에 이르러 울진대국의 장천굴에 들어가 도를 닦았다. (그 후) 오대산 신성굴에 돌아와 50년 동안 도를 닦았다.[20]

> ③ 삼산·오악 이하 명산대천은 나누어서 대사·중사·소사로 하였다. 대사 … 소사에는 … 악발(발악이라고도 한다. 우진야군) … .[21]

위 사료 ①~③는 굴신窟神과 산천신山川神이 울진지역에서 대표적이고

19 『삼국유사』 권3, 탑상4 대산오만진신조.

20 『삼국유사』 권3, 탑상4 명주 오대산보질도태자전기조.

21 『삼국사기』 권32, 잡지1 제사조.

전통적·토속적인 신임을 보여주며, 그동안 지속되어 오던 울진지역 고유 신앙이 어느 시기에 와서 결국 불교라는 종교에 흡수되는 과정을 알려주고 있다.

사료 ①·②에 의하면, 울진의 장천굴(지금의 성류굴)에 2천년 동안이나 굴신이 있었는데, 보천태자(= 보질도태자, 신문왕의 아들)가 와서 수구다라니를 염송하기 전까지는 부처의 이름을 전혀 듣지 못하였다고 한다. 즉 이 지역에서 불교를 전혀 알지 못하다가 보천태자에 의해 보살계를 받고 불교에 귀의하였음을 의미하는 것이다. 사료 ③은 우진야군(지금의 울진)에는 악발산에 산천신앙이 있었으며, 이 산천신앙이 결국은 신라의 국가적인 명산대천제名山大川祭에 소사로 편제되어 흡입되었음을 보여준다.

이러한 경향은 신라가 삼국통일을 이룬 후 각 지역의 신앙체계와 토착세력을 왕실 및 중앙세력 중심으로 재편제하고 체계화하는 데서 나온 것이다. 즉 굴신이 불교에 귀의한 후 굴의 형체가 없어져 버렸다는 것과 악발산 신앙이 국가적인 제사에 선정되어 국가제도에 흡수되는 것은 울진지역의 토착신앙체계가 불교신앙체계로 완전히 흡수되어 토착신앙을 숭앙하던 재지 유력세력들이 해체되고 약화된 것을 의미하는 것이라 하겠다.[22] 하지만 이것은 반대로 울진지역의 토착신앙이 불교에 귀의하기 전까지 강인하게 유지되어 왔다는 것을 보여주는 사료이기도 하다. 그러므로 사료 ①~③의 시기를 알아봄으로 인해 언제 울진지역에 불교가 전파되기 시작하였는가를 알 수 있을 것이다.

사료 ①·②의 보천태자가 울진에 오는 시기는 역사적 배경으로 보아 700년을 전후한 시기로 판단된다. 또 사료 ③의 명산대천제가 대·중·소사로 편제되는 것은 신문왕 5년(685)이후부터 성덕왕 34년(735) 이전[23]으로

---

22 노중국, 1999, 「고대 울진의 역사 개관」『한국고대사회와 울진지방』, 한국고대사학회, 270~285쪽.

23 井上秀雄, 1984, 「新羅の律令制の收容とその國家·社會との關係」『中國 律令制の展開と國家社會との關係』, 163~164쪽 ; 노중국, 1988, 「통일기 신라

보고 있다.

이 두 시기를 종합해 보면, 울진지역에 불교가 유입되기 이전에는 울진지역의 토속신앙인 굴신과 산천신이 강하게 유지되어 오다가 7세기 말~8세기 초에 신라 중앙세력에 의해 울진지역에도 불교신앙이 전파되기 시작하였던 것이다. 이러한 문헌적 상황은 고고유물에서도 확인이 된다. 2006년 경주대학교 박물관에서 울진 청암사지 삼층석탑[24]이 유존하는 절터를 학술 발굴조사하였다[25]. 그동안 울진지역에는 불교유적의 발굴조사가 전무하여 고고학적 유물이 확인되지 않고 있다가 이번 청암사지 발굴조사에서 금동불상, 기와, 자기, 토기, 동전 등 다량의 유물들이 출토되었다. 이중 소수지만 통일신라시대의 유물인 금동불상, 중판 타날문양 평기와, 인화문토기편 등이 출토(그림 1)되어 청암사지의 창건시기를 추정할 수 있는 귀중한 고고학적 자료가 되었다. 특히 청암사지에서 시기적으로 가장 이른 유물은 수적형문의 인화문 토기편으로 7세기 후반으로 편년되는 것들이다.

그렇다면, 청암사는 7세기 후반경에 사찰이 시작되나 처음에는 큰 가람을 형성하지 못하고 작은 암자로 시작하여 오다가 이후 8세기를 거치면서 발전을 거듭하다가 9세기 후반에 와서야 석탑을 설치하면서 제대로 된 가람을 이루게 되는 것으로 해석할 수 있을 것 같다.

이러한 역사적 배경은 사료 ①에서도 찾아 볼 수 있다. 즉 보천태자가 700년을 전후하여 울진지역의 장천굴신을 불교에 귀의시켰으며, 그 후 150년 이상이 지나서야 청암사지 삼층석탑이 건립되고 있는 것은 이를 방증하는 것이라 하겠다.

의 백제고지지배 -〈〈삼국사기〉〉 직관지·제사지·지리지의 백제관계기사분석을 중심으로」『한국고대사연구』 1, 한국고대사연구회, 137쪽 ; 최광식, 1994,『고대한국의 국가와 제사』, 한길사, 309쪽.

24 이 석탑은 보물 제498호 '울진 구산리 삼층석탑'으로 알려져 있으며, 9세기 후반에 제작된 통일신라탑이다.

25 경주대학교박물관, 2008,『울진 구산리 전청암사지 발굴조사보고서』, 울진군.

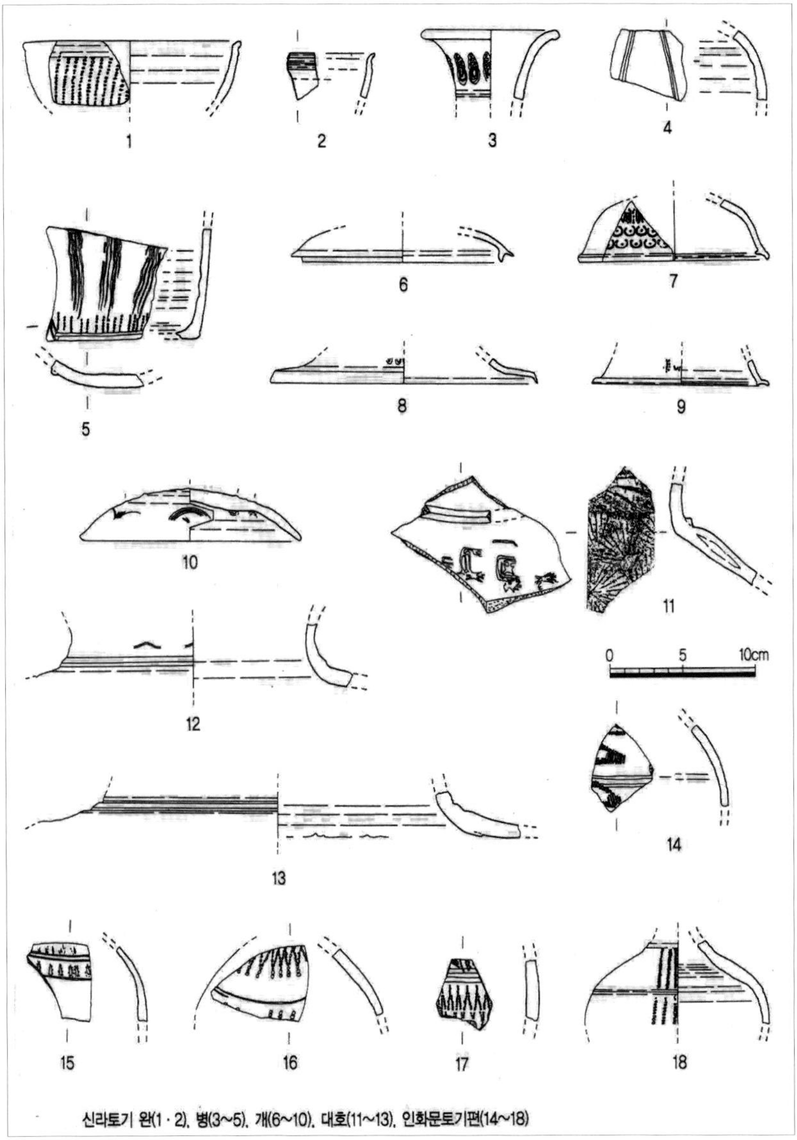

〈그림 1〉 청암사지 출토 인화문 토기편(실측도)

다시 말하면, 이것은 신라 법흥왕 때 불교가 공인되고 나서도 왕경인 경주와 먼 울진지역에는 아직 불교가 보급되지 않아 오랫동안 재지의 토속신앙이 유지되어 왔으며, 늦어도 7세기 말~8세기 초에 이르러 보천태자에 의해 울진지역에 불교가 전파되기 시작하였던 것이다. 그러나 그 속도는 빠르지 않았으며, 민간에까지 깊게 보급되기 시작한 것은 청암사지 삼층석탑이 건립되는 9세기 후반부터로 볼 수 있다. 이를 바로 이어 불영사 삼층석탑이 고려 초에 건립되면서 불영사가 창건된다.[26]

또 유백유의 「천축산 불영사기」와 「천축산 불영사 시창기」에서도 당시 불교가 이곳에 전파되는 과정을 보여주는 대목이 있다. 즉 못에 사는 독룡에게 의상이 사찰 지을 땅을 베풀기를 청하였으나 용이 허락하지 않자 주술을 부려 독룡을 쫓아내고 그곳에 불영사를 지었다는 것이다. 여기에 나오는 독룡은 아마도 이 지역에 의상계 화엄종과는 다른 종교집단을 말하거나 아니면 이 지역 고유의 굴신이나 산천신 같은 전통신앙 또는 이를 숭배하는 재지세력을 은유적으로 표현한 것일 것이다. 의상은 그들을 몰아내고 불영사를 창건하여 이곳에 불교를 전파했던 것이다.

Ⅳ. 불영사의 사명과 가람배치

1. 불영사의 사명

불영사의 사찰명이 창건 때에는 '불영사'로 불렸으나 1370년에는 '불귀사'로 불리고 있다는 기록이 유백유의 「천축산 불영사기」에 확인되며, 이후 여러 사료에서 재확인된다. 이 기에 의하면, 유학에서 돌아온 의상은

26 심현용, 2008, 「울진지역의 불교문화 연구」『경주문화연구』 10, 경주대학교 문화재연구원.

의봉(676~678) 초에 서산에 들어가 부석사, 각화사 등의 사찰을 창건하고 15년간 천하를 돌다가 다시 불영사에 돌아오게 되자 한 노인이 부처님이 돌아온다고 기뻐한 내용이 있다. 이후로 '천축산 불영사'를 '백암산白巖山 불귀사佛歸寺'라 불렀는데, 이는 절이 백암산 자락에 있기 때문이라 하였다. 즉 천축산이 백암산 줄기이므로 백암산이라고 불렀으며, 지금 백암산(해발 1,004m)이라고 부르는 산은 울진군 온정면과 영양군 수비면의 경계가 되는 산으로 태백산맥의 줄기에 딸린 산이다.

그런데, 유백유의 「천축산 불영사 시창기」(1370)에서는 '백암산 불귀사'가 아니라 '백두산白頭山 불귀사佛歸寺'로 되어 있다. 이는 천축산이 백두산에 뿌리를 두고 있기 때문이라 하였다. 〈표 2〉에 의하면, 불영사의 사찰명이 시기별로 바뀌고 있는데, 이에 대해 자세히 살펴보자.

〈표 2〉 문헌기록 및 고지도에 나타난 불영사의 명칭

사료	사찰명	창건주 및 창건년도	비고
천축산 불영사기(1370)/ 천축산 불영사 시창기(1370)	佛歸寺(白巖山)/ 佛歸寺(白頭山)	신라 의상법사가 651년(신라 진덕여왕 5) 창건	창건땐 佛影寺
환생전기(1408)	佛影寺		
신증동국여지승람(1530)	佛歸寺	신라 승 의상 창건	
불영사 중창기(1611)	佛影寺	의상법사 창건(651)	佛歸寺
중창문(1630)	佛影寺	신라 승 의상법사 창건	
불귀사 고적소지(1630)	佛皈寺	신라 승 의상대사 창건	
동국여지지(1659~1674)	佛歸寺	신라 승 의상 창건	
남암중창기(1688)	佛影寺		
울진 천축산 불영사 영산전 중창 상량문(1716)	佛影寺	신라 의상법사 창건(651)	
여지도서(1757~1765)	佛影菴		지도(佛影寺)
해동지도(18c 중엽)	佛影寺		지도
여지도(18c 후반)	佛影寺		지도
관동지(1829~1831) 울진읍지	佛影菴		

사료	사찰명	창건주 및 창건년도	비고
울진 불영사 영산전 상량문(1843)	佛影寺	신라 의상법사 창건(651)	
대동지지(1864)	佛歸寺	신라 승 의상 창건	白岩山
관동읍지 울진현읍지(1871)	佛影菴		지도(佛影寺)
울진군여지약론(1908)	佛影寺	삼한 고찰(三韓 古刹)	
울진군지(1939)	佛影寺	신라 의상법사가 651년 (신라 진덕여왕 5) 창건	
강원도지(1941)	佛影寺	신라 의상법사가 651년 (신라 진덕여왕 5) 창건	

1370년 유백유의 「천축산 불영사기」와 「천축산 불영사 시창기」에 의하면, 불영사가 처음 창건될 때에는 '천축산 불영사'라 하였으나, 유백유가 기를 짓는 고려 말(1370)에는 '백암산(또는 백두산) 불귀사'라 불리고 있다고 하였다. 이 사명이 〈표 2〉에서 보는 것처럼 시기에 따라 변하고 있는 것을 살펴볼 수 있다. 즉 14세기 후엽~17세기 중엽까지는 불영사와 불귀사가 함께 사용되었으나 불귀사가 다 수를 차지하며, 17세기 말~19세기까지는 불영사·불영암·불귀사로 다양하게 불리나 불영사가 다 수를 차지한다. 그리고 20세기 들어와서는 다시 창건 시의 불영사로 정착하여 지금에 이르고 있다. 『여지도서』와 『관동읍지』에서는 본문에서는 '불영암'이라 해놓고 지도에는 '불영사'라고 기록하기도 했다.(그림 2~3) 이는 〈표 2〉에서처럼 사찰명이 두 개가 동시에 사용되고 있음을 잘 보여주는 것이라 하겠다. 그런데 사찰명이 '사'에서 '암'으로 바뀐 것이 확인되는데, 이렇게 사찰명이 변동되는 것은 당시 절의 사격을 보여주는 것으로 추정할 수 있다. 즉 불영사나 불귀사라는 명칭을 사용할 시점에는 이 절이 활발히 불사가 이루어져 사격을 크게 유지하는 상황을 보여주는 것이고, 불영암이라 칭할 때는 다시 사격이 급격히 줄어들어 '사'보다는 암자라는 의미의 '암'자가 붙은 것으로 추측된다.

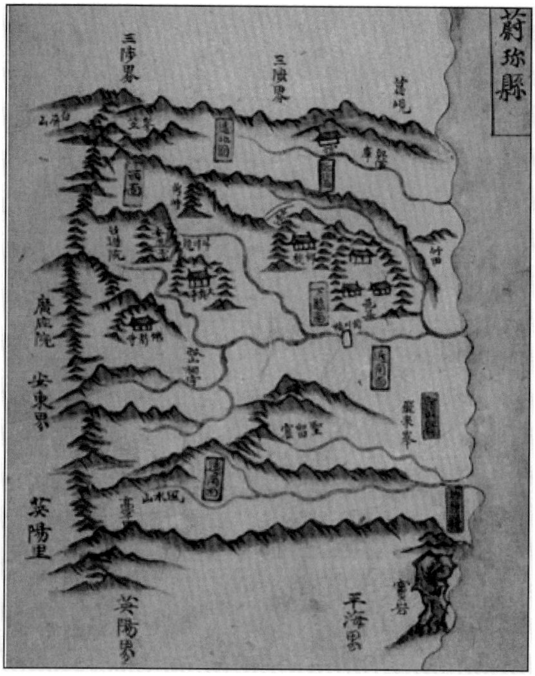

〈그림 2〉 울진현 고지도(『여지도』)

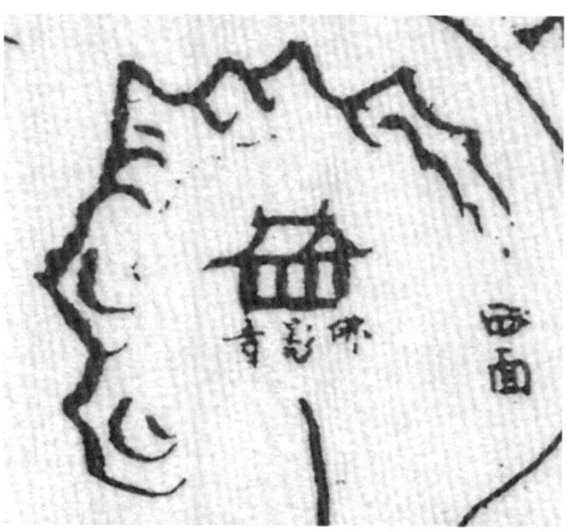

① 『여지도서』

② 『관동읍지』

〈그림 3〉 고지도에 나타난 불영사

2. 불영사의 가람배치

우선 천축산 불영사가 있는 곳의 지형을 살펴보면, 절의 서쪽에서 물이 시작되어 동쪽으로 흐르는 서출동류西出東流로 태극과 같이 S자를 그리며 산태극山太極·수태극水太極을 이루며 이곳을 완벽하게 감싸주어 양 기운이 서로 합치하는 자리에 위치하고 있어 풍수지리상으로 명당길지에 해당된다.(사진 8) 하지만, 산세가 뾰족하게 날카로워 화기火氣를 품은 곳이라 하여 대웅보전 기단 아래 돌거북石龜 2구를 설치하여 이를 진압하고 유백유의 「천축산 불영사기」에서처럼 무영탑을 세워 땅을 비보하였다. 물론 불영지라는 연못 또한 비보·진압풍수에 의한 것이다.

〈사진 8〉 산태극·수태극의 불영사(2005년 7월 13일 항공 촬영)

불영사의 가람배치를 살펴보기에 앞서 불영사의 조선~일제강점기의 주요 연혁을 살펴보면 〈표 3〉과 같다. 이는 가람배치를 살펴보는데 필수적인 자료이다.

〈표 3〉 불영사의 조선~일제강점기 주요 연혁

시기	내 용	사 료
1396 (태조 5)	화재를 입음	강원도 울진군 천축산 불영사 사적비기(1933)/ 울진군지(1939)
1397 (태조 6)	소운법사 재건	강원도 울진군 천축산 불영사 사적비기(1933)/ 울진군지(1939)
1474 (성종 5)	울진현령 백극재가 불영사에서 환생하여 탑의 요사채를 환희료, 불전을 환생전이라 함, 금글씨로 연화경 7축을 필사함	강원도 울진군 천축산 불영사 사적비기(1933)[27]
1500 (연산군 6)	선당 중건	울진군지(1939)
1568경 (선조 1)	성원스님이 목어·법고·철종·나발 등을 조성	불영사 중창기(1611)
1573 (선조 6)	대종 주조	천축산 불영사 시창기 (1573~1917)[28]
1577 (선조 10)	성원법사가 영산전·서전 신축	불영사 중창기(1611)
1578 (선조 11)	성원법사가 영산전 중창	울진 천축산 불영사 영산전 중창상량문(1716)/ 천축산 불영사 영산전 상량문(1843)
	성원법사가 영산전·서전·남암 신축	강원도 울진군 천축산 불영사 사적비기(1933)
1580 (선조 13)	성원스님이 청련전 터에 동전 신축	불영사 중창기(1611)
1592 (선조 25)	임진왜란으로 영산전·서전을 제외한 모든 건물이 불탐	불귀사 고적소지(1630)/ 강원도 울진군 천축산 불영사 사적비기(1933)
	임진왜란으로 영산전 제외한 모든 건물이 불탐	불영사 중창기(1611)
1602 (선조 35)	인섬스님이 대웅전 신축	천축산 불영사 시창기 (1573~1917)
	인섬장로가 대웅전 중건	대웅전 연려개신기
1603~1609 (선조 36~ 광해군 1)	성원스님이 선당 신축(불영사 중창)	불영사 중창기(1611)

시기	내 용	사 료
1609 (광해군 1)	성원법사 중건(1592년 병란후 영산전 재건)	울진군지(1939)
1614 (광해군 6)	승당 지음, 혜엄스님이 외승당과 향적전의 화주를 시작함	천축산 불영사 시창기(1573~1917)
1616 (광해군 8)	향반궤와 목어 외 9가지 잡물 제작	천축산 불영사 시창기(1573~1917)
1620 (광해군 12)	광명대와 옥등 등을 제작	천축산 불영사 시창기(1573~1917)
1628 (인조 6)	울진현령 유대춘의 지원으로 무영탑 중수, 주상삼전의 패를 만들었음	천축산 불영사 시창기(1573~1917)
1629 (인조 7)	영산회 금상 3위, 대비 금상 1위, 하단탱 1폭, 미타탱 1, 사자병풍1, 달마탱 1폭, 영산회탱 1폭 등 제작/ 8월 지순스님이 대웅전 중수, 도은스님이 향로전 중수	천축산 불영사 시창기(1573~1917)
	정휘대사가 영산전 중창(중수)	울진 천축산 불영사 영산전 중창상량문(1716) / 천축산 불영사 영산전 상량문(1843)
	지순스님이 대웅전 수리	대웅전 연려개신기
1636 (인조 14)	태경스님이 대웅전 단청공사의 화주를 함	천축산 불영사 시창기(1573~1917)
1650 (효종 1)	의상전 단청	천축산 불영사 시창기(1573~1917)
1655 (효종 6)	동별실 건립	천축산 불영사 시창기(1573~1917)
1665 (현종 6)	탁륜스님이 영산전 중창	천축산 불영사 시창기(1573~1917)
1666 (현종 7)	탁륜대사가 영산전 중창(중수)	울진 천축산 불영사 영산전 중창상량문(1716) / 천축산 불영사 영산전 상량문(1843)
1668 (현종 9)	영산전 중수함과 동시에 단청공사 화주를 시작	천축산 불영사 시창기(1573~1917)
	불연 2구 제작 시작	불영사 조련기(1670)
1670 (현종 11)	불련 2채 제작 완료	불영사 조련기(1670)

시기	내 용	사 료
1673 (현종 14)	향로전 새로 지음	천축산 불영사 시창기(1573~1917)
1676 (숙종 2)	영산전의 불상 3위, 나한주 16위, 제석주 1위, 사자주 2위, 장군주 2위 등 기용잡물 마련	천축산 불영사 시창기(1573~1917)
1677 (숙종 3)	승당 중창, 환생전 처음 지음, 주상 전하를 비롯한 삼전패 조성	천축산 불영사 시창기(1573~1917)
1678 (숙종 4)	혜능스님이 법당과 요사를 신축	인현왕후원당 발원문
	영산회탱 만듦, 누운전 새로 지음	천축산 불영사 시창기(1573~1917)
	불패 3위와 전패 3위 제작	불패 발원문서(1678)
1680 (숙종 6)	혜능 양성법사가 선당 중창	천축산 불영사 시창기(1573~1917)/강원도 울진군 천축산 불영사 사적비기(1933)
1681 (숙종 7)	혜능 양성법사가 명부전 창건	천축산 불영사 시창기(1573~1917)/강원도 울진군 천축산 불영사 사적비기(1933)
	향적전 중수	천축산 불영사 시창기(1573~1917)
1682 (숙종 8)	혜능 양성법사가 각 전각의 현판 제작, 범종각 중창	천축산 불영사 시창기(1573~1917)
1689 (숙종 15)	봉월암 시창, 불이문·진여문 조성	천축산 불영사 시창기(1573~1917)
1690 (숙종 16)	혜능 양성법사가 시왕전 불상의 화주가 됨	천축산 불영사 시창기(1573~1917)
1691 (숙종 17)	탁륜스님과 그의 제자가 극락전 신축	천축산 불영사 시창기(1573~1917)
1693 (숙종 19)	도안스님이 청련전 신축	천축산 불영사 시창기(1573~1917)
1696 (숙종 22)	양성당 혜능 부도 절동쪽에 건립	양성당선사 혜능부도비명(1738)/양성당선사 혜능부도비 양기(1738)
1700 (숙종 26)	탄묵,청민,법신이 화주가 되어 부도 제작	천축산 불영사 시창기(1573~1917)

27 이문명이 기록한 「환생전기(1408)」에 의하면, 울진현령 백극재가 환생한 시기는 정확히 알지 못하여 다만 '옛날(昔)'이라고 적혀 있다. 또 「강원도 울진

시기	내 용	사 료
1701 (숙종 27)	청풍당 시창, 범종각 판자와 청풍당·영산전의 기와 화주 시작	천축산 불영사 시창기(1573~1917)
	진성법사가 범종루와 관음전 수선	울진군지(1939)
	관음전·명부전을 성원스님 주도로 지음	천축산 불영사 시창기(1573~1917)
1704 (숙종 30)	상웅스님이 금당 만듦	천축산 불영사 시창기(1573~1917)
1716 (숙종 42)	영산전 중수, 영산회 16석상·나한·보살·성문·연각의 존상을 영산전에 봉안	울진 천축산 불영사 영산전 중창상량문(1716)
	기와공사 실시	천축산 불영사 시창기(1573~1917)
1720 (숙종 46)	불영사에 화재가 있었음	강원도 울진군 천축산 불영사 사적비기(1933)/ 울진군지(1939)
	실화로 대웅전, 향로전, 좌우승당, 상실, 환생전 등이 불타고 영산전만 남음	천축산 불영사 시창기(1573~1917)
	불영사가 화재로 법당과 좌우의 선당이 잿더미가 됨	강원도 울진군 서면 천축산 불영사 적묵당 창설선원기(1933)
	대웅전 화재로 소실	대웅전 연려개신기
1721 (경종 1)	승료 4방 완성	천축산 불영사 시창기(1573~1917)
1725 (영조 1)	천옥법사가 불영사 중창	강원도 울진군 천축산 불영사 사적비기(1933)
	천옥법사가 중건(대웅보전, 황화실, 설선당 건립)	울진군지(1939)
	대웅전 중창공사 마무리됨/ 동상실·승당·선당·환생전 중건	천축산 불영사 시창기(1573~1917)
	대웅전 중건공사	대웅전 상량소(1725)
1735 (영조 11)	대웅보전 영산회상탱화를 그림	영산회상도 화기(1735)
1738 (영조 14)	양성당선사 혜능부도비 건립	양성당선사혜능부도비명(1738)/양성당선사 혜능부도비 음기(1738)
1745 (영조 21)	대종 중수	천축산 불영사 시창기 (1573~1917)

시기	내 용	사 료
1750 (영조 26)	대웅전 보수공사	대웅전 연려개신기
1755 (영조 31)	전지, 습지 등이 관음전 중수하였는데, 기와·단청공사·탱화를 조성	천축산 불영사 시창기(1573~1917)
1760 (영조 36)	대웅보전, 지장전 불상 개금 또는 조성	일명 현판
1770 (영조 46)	대웅전 불상 개금, 기와 공사	천축산 불영사 시창기(1573~1917)
1774 (영조 50)	동상실 중창	천축산 불영사 시창기(1573~1917)
1780 (정조 4)	송암 쾌원스님이 향로봉 밑에 대원암 건립	불영사 대원암 신창기
1781 (정조 5)	대원암 시창	천축산 불영사 시창기(1573~1917)
1782 (정조 6)	환생전과 후각 중수	천축산 불영사 시창기(1573~1917)
1785 (정조 9)	범종각의 누와 서까래를 수리	천축산 불영사 시창기(1573~1917)
1792 (정조 16)	청풍당 중건	천축산 불영사 시창기(1573~1917)
1796 (정조 20)	대원암 중창	천축산 불영사 시창기(1573~1917)
1801 (순조 1)	명부전·관음전의 서까래 수리	천축산 불영사 시창기(1573~1917)
1803 (순조 3)	탁유, 응진 등이 화주가 되어 청련암 시창	천축산 불영사 시창기(1573~1917)
1805 (순조 5)	청련암 후불탱 개금	천축산 불영사 시창기(1573~1917)
1806 (순조 6)	선당·후각 중수, 마방(馬房) 중건	천축산 불영사 시창기(1573~1917)
	관음불 개복	관음불 복장 개금 발원문(1906)
1810 (순조 10)	대웅전 서까래 수리, 옛터의 초석을 그대로 사용하여 의상전 중건	천축산 불영사 시창기(1573~1917)
1821 (순조 21)	승당·후각 중수	천축산 불영사 시창기(1573~1917)

시기	내 용	사 료
1822 (순조 22)	청련암 중건	천축산 불영사 시창기(1573~1917)
1841 (헌종 7)	벽훈스님이 나한전 화주를 시작	천축산 불영사 시창기(1573~1917)
	영산전 석가설법도(현, 삼척 영은사 석가설법도)	석가설법도(1841)
1843 (헌종 9)	영산전 중수, 환월당 벽훈이 16존상 개분, 의상징불과 관음불 1위, 삼척 명적암 불상 1위 불사	천축산 불영사 영산전 상량문(1843)
1857 (철종 8)	승당 중수	천축산 불영사 시창기(1573~1917)
1860 (철종 11)	대웅보전 신중탱화를 그림, 여름에 대웅전 천룡탑 요사채를 중수	불영사 대법당 신중탱화성 기문(1860)
	벽훈스님이 대웅전 신중탱화를 조성하기 위한 불사를 함	천축산 불영사 시창기(1573~1917)
1867 (고종 4)	인현왕후원당 건립	인현왕후원당 상량문(1867)
1876 (고종 13)	주지 석헌과 소사미가 원통전을 중수하고 청련암을 관음전 앞에 이건함	원통전중수여청련암이건문(1876)
1880 (고종 17)	산신도 그림	산신도 복장 발원문(1880)
1899 (대한제국 고종 광무 3)	설운장로(봉인스님)가 불영사에 주석, 저중도와 불현 2곳의 밭 80마지기 사들임	강원도 울진군 천축산 불영사 사적비기(1933)/ 강원도 울진군 서면 천축산 불영사 적묵당 창설선원기(1933)
	설운선사가 중수	울진군지(1939)
1900 (고종 광무 4)	수침 부근 중도 4곳(수침, 가두, 지초, 중도 등 4곳)과 불현 나무곡(단목곡) 밭 120여 마지기 사들임	강원도 울진군 천축산 불영사 사적비기(1933)/ 강원도 울진군 서면 천축산 불영사 적묵당 창설선원기(1933)

군 서면 천축산 불영사 적묵당 창설선원기(1933)」에도 영락 6년(1408) 무자 8월에 이문명이 울진현령 백극재가 환생한 일을 간략하게 기록한 것이 있다 한 것으로 보아 「강원도 울진군 천축산 불영사 사적비기(1933)」에서 백극재의 환생 시기를 '1474년'이라 한 것은 오류인 것 같다.

28 여기서의 『천축산 불영사 시창기』는 전술한 현판에 있는 유백유의 「천축산

시기	내 용	사 료
1902 (고종 광무 6)	각 법당 및 요사채 중수 시 불상과 16 나한상·관음상 2위 개금, 상단 후불탱 1위·신중탱 및 칠성탱 각1 탱·달마 2탱·독성 소상 2위를 새로 만듦	강원도 울진군 천축산 불영사 사적비기(1933)/ 강원도 울진군 서면 천축산 불영사 적묵당 창설선원기(1933)[29]
	운초스님이 중건 시작, 봉인스님이 법당 중수하고 요사 신축	울진군불영사대공덕주설운당대선사비명병서
1902·1903 (고종 광무 7)	중도 불현 수침 3곳에 밭 82마지기 사들임	강원도 울진군 천축산 불영사 사적비기(1933)
1903.동지~1905.봄 (고종 광무 9)	염불회를 함	강원도 울진군 천축산 불영사 사적비기(1933)
1904 (고종 광무 8)	칠성계를 만들어 논 200마지기를 사들임, 지장계를 만들어 논 5마지기와 밭 6마지기를 사들임	강원도 울진군 천축산 불영사 사적비기(1933)
1905 (고종 광무 9)	선회 창설	강원도 울진군 서면 천축산 불영사 적묵당 창설선원기(1933)
1906 (고종 광무 10)	응진전 영산회상탱화·신중탱화 그림, 응진전 23위·미타상 1위·관음상 2위·독성상 2위·의상조사 1위 등 29위 개금, 영산도 뒤 불상 1축·칠성탱 1축·팔부탱 1축 등 3축 새로 그림	관음불 복장 개금 발원문(1906)
	설운선사가 응진전 16성상 조성	대중원문(1906)
1917	설운스님이 기용잡물 제작	천축산 불영사 시창기(1573~1917)

불영사 시창기」(1370)가 아니라 불영사에 있었던 『천축산 불영사 시창기』라는 고서의 제목이다. 이는 문화재청, 2000, 『불영사 대웅보전 실측조사보고서』, 56·68~71쪽에서 인용하였음을 밝힌다. 이 고서는 당시 불영사에 소장되어 있었으나 지금은 확인할 수 없으며, 1573년에서 1917년까지의 내용이 적혀있다고 한다.

29 「강원도 울진군 서면 천축산 불영사 적묵당 창설선원기」(1933)에는 1902년

시기	내 용	사 료
1918	법종루 중수 시 대승경전과 조사어록 인쇄, 지장1·관음2·법기14의 보살상을 개금	강원도 울진군 천축산 불영사 사적비기(1933)
	법종루 중수 시 각 법당과 요사 다시 중수, 대승경전과 조사어록 인쇄, 지장1·관음2·법기1· 보살상4 등을 개금	강원도 울진군 서면 천축산 불영사 적묵당 창설선원기(1933)
	법종루 중수 시 지장상 1구·관음상 2구·법기상 1구 개금	천축산 불영사 시창기(1573~1917)
	설운선사가 명부전 본존불 1구, 관음불 2구, 법기불 1구 개금	강원도 울진군 천축산 불영사 명부전 개금불사기(1919)
1919	여름에 화엄회를 엶	강원도 울진군 천축산 불영사 사적비기(1933)
1923	각 법당과 요사 중수, 각종 과실나무의 목록을 만들고 불기와 일용의 집물을 전부 갖춤	강원도 울진군 천축산 불영사 사적비기(1933)
1924	칠성각 창건	울진군지(1939)
1933	설운장로와 주지 박기종이 중건 완료, 불영사 사적비 건립	강원도 울진군 천축산 불영사 사적비기(1933)

가람배치伽藍配置란 절에 건물을 배치하는 것으로 불영사는 조선시대 산곡山谷에 위치한 산지형 가람배치를 계승하면서도 이와는 조금 다르게 지형에 따라 자유롭게 배치된 특성을 보여준다. 조선시대 사찰들은 대부분 절 입구에 일주문을 세우고 조금 들어가서 중문인 사천왕문을 짓고 더 들어가면 2층 구조의 누각을 지으며, 이를 지나면 넓은 마당이 나오는데 양쪽 옆으로 스님이 사는 승방을 두고 정면에는 대웅전이나 극락보전이 있는 배치법이 통례이다. 그런데 불영사는 일주문(최근에 신축함)과 중문이 없을 뿐 누각(설법전)부터는 조선시대의 일반적인 배치법을 사용하여 건축물을 지었다.

〈표 3〉에 의하면, 조선시대부터 불영사는 많은 전각들이 건립되고 있

이 아니라 임인년(1902)부터 기미년(1919) 사이에 한 것으로 기록되어 있다.

음을 살펴볼 수 있다. 이렇게 불영사에는 많은 건축물들이 위치하고 있는데, 가람배치의 큰 영역 구분은 대웅보전을 중심으로 나뉘어 진다. 즉 대웅보전을 중심으로 가운데 삼층석탑을 두고 왼쪽(동쪽)에는 황화실, 청풍당 등이 있고 오른쪽(서쪽)에는 응향각, 명부전, 의상전, 응진전, 칠성각 등이, 남쪽에 설법전을 두고 즐비하게 늘어서 있다. 이는 불영사의 지형과 무관하지 않다. 즉 불영사의 지형은 북쪽의 산이 동에서 서로 둥글게 돌아가고 있고 또 평지는 이 산을 뒤로 등지고 동에서 서로 C자 모양으로 길게 이루어져 있다. 그래서 지형에 어울리게 대웅보전을 중심으로 동쪽과 서쪽에 각기 기능을 달리하는 건물을 자유롭게 배치한 것으로 산지형 가람에 해당된다.

이렇게 불영사는, 조선시대에는 부처님과 스님이 기거하면서 신앙생활을 영위하는 중심구역을 동쪽에 두고 서쪽으로 각기 신앙화할 수 있는 전각들을 지어 가람배치에서 그 영역구분을 하였다. 그러나 최근 들어와 많은 전각, 특히 스님이 기거하며 신앙생활을 영위하는 승방 등을 동쪽 구역과 서남쪽 구역에 건립하면서 스님들의 거주구역이 동·서쪽 양 끝 구역으로 분리되는 배치를 보여 가람배치가 변화되고 있음을 알 수 있다.(그림 4)

이를 다시 말하면, 불영사 가람배치의 주축선은 대웅보전·탑·설법전을 북-남으로 하였으며, 그 외에는 동-서 지형에 어울리게 자유롭게 배열하였는데, 창건 당시의 모습은 거의 살펴볼 수 없고 조선시대 들어와 지금의 구도를 완성하였으며, 이후 시대가 흐르면서 조금씩 상황에 맞게 불전이 배치되고 확장되어 지금의 모습을 보여주고 있는 것이다.(사진 9)

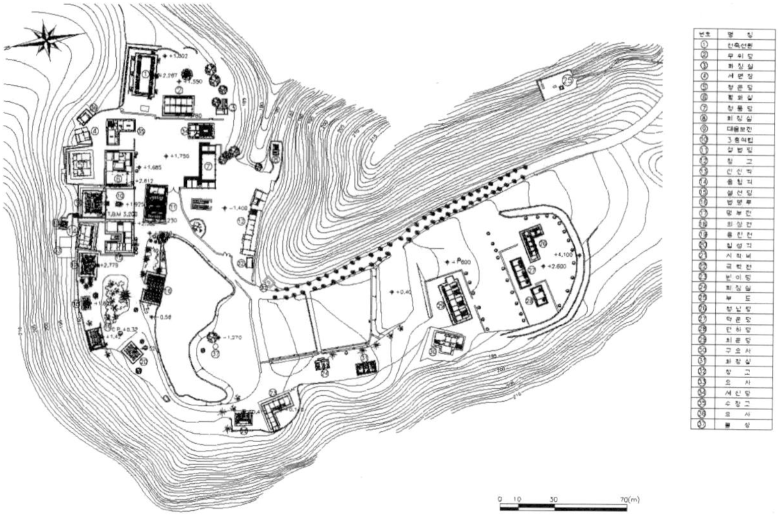

〈그림 4〉 불영사 가람배치도(2011년)

① 1930년대

② 일제강점기

③ 1950년대

〈사진 9〉 옛 사진으로 본 불영사 전경

Ⅴ. 맺음말

이상에서 울진 천축산 불영사에 대하여 창건과 시기, 그리고 울진지역의 불교 수용 시기, 불영사의 사명과 가람배치에 대해 문헌사료와 삼층석탑, 토기 등의 유물을 종합적으로 비교 검토하여 살펴보았다. 그 결과를 요약해 보면, 다음과 같다.

첫째, 불영사의 창건에 대해 1370년 유백유가 남긴 「천축산 불영사기」와 「천축산 불영사 시창기」로 검토해 보았다. 의상이 643년 경주 황복사에 출가한 후 얼마 되지 않아 651년 불영사를 창건한다는 것은 그대로 믿기 어려운 것으로 보았다. 그러므로 의상이 불영사를 직접 창건하였다기보다는 의상 또는 그의 제자와 어떠한 인연을 맺거나 그의 제자가 창건한 절이 아닌가 추정하였다. 또 불영사에 현존하는 가장 빠른 유물이 고려 초의 삼층석탑이므로 처음에는 작은 암자로 시작하여 고려 초에 크게 불사가 일어난 것으로 보았다.

둘째, 울진지역의 불교가 들어온 시기에 대해 『삼국유사』·『삼국사기』 등의 사료와 석탑과 사지에서 출토된 토기편을 가지고 검토해 보았다. 특히 불영사는 유백유의 기록으로 당시 불교가 이곳에 전파되는 과정을 살펴볼 수 있는데, 독룡을 불교가 전파되기 이전의 이 지역의 전통신앙으로 해석하였다.

셋째, 불영사라는 사명이 시대가 흐르면서 불귀사, 불영암 등으로 변천하는 것에 대해 살펴보았다. 초창기는 부처의 그림자가 비친 불영사로, 그러나 의상이 다시 돌아옴으로 인해 불귀사로 바뀌어 불영사와 같이 사용되기도 한다. 1370년 유백유의 기록 당시에는 불귀사로 불리고 있었음도 밝혔다. 그리고 사격의 상황에 따라 불영암이 되기도 하였다.

넷째, 불영사는 산지형 가람배치를 계승하면서도 지형에 따라 배치된 특성을 보여준다. 즉 대웅보전을 중심으로 가운데 삼층석탑을 두고 동쪽에는 황화실, 청풍당 등이 있고, 서쪽에는 응향각, 명부전, 의상전, 응진전, 칠성각 등이, 남쪽에는 설법전을 배치하여 스님이 기거하면서 신앙생활을 영위하는 중심구역을 동쪽에 두고 서쪽으로 각기 신앙화할 수 있는 전각들을 배치하여 그 영역을 구분하였다.